红色记忆® 59

红色歌曲、舞蹈背后的故事

海南省文化交流促进会　编

南海出版公司
2017·海口

图书在版编目（CIP）数据

红色记忆 . 59，红色歌曲、舞蹈背后的故事 / 海南省文化交流促进会编 . -- 海口：南海出版公司 , 2017.5（2025.1 重印）
ISBN 978-7-5442-9045-6

Ⅰ . ①红… Ⅱ . ①海… Ⅲ . ①革命传统教育—中国 - 青少年读物 Ⅳ . ① D642-49

中国版本图书馆 CIP 数据核字（2017）第 133725 号

HONGSE JIYI · 59——HONGSE GEQU WUDAO BEIHOU DE GUSHI

红色记忆 · 59——红色歌曲、舞蹈背后的故事

作　　者　海南省文化交流促进会
总 策 划　刘　栋
顾　　问　贾延岩
执行总编　任在齐
责任编辑　聂　敏
封面设计　郑广明
排版印务　白　多
发行总监　杨成春
出版发行　南海出版公司　电话：（0898）66568505
社　　址　海南省海口市海秀中路 51 号星华大厦五楼　邮编：570206
电子信箱　nhpublishing@163.com
经　　销　新华书店
印　　刷　天津睿意佳彩印刷有限公司
开　　本　787 毫米 ×1092 毫米　1/16
印　　张　6.75
字　　数　118 千字
版　　次　2017 年 5 月第 1 版　2025 年 1 月第 2 次印刷
书　　号　ISBN 978-7-5442-9045-6
定　　价　39.80 元

对历史无知的人，没有真正的信仰可言；没有信仰的人，不可能拥有美好的理想，不可能胸怀崇高的情感，也就不可能担负起任何责任。用欲望文化代替历史教育，足以使一个国家的青年被腐蚀、使一个民族的希望被毁掉，使这个国家和民族被永世万代地奴役!

鉴于此，我们呼唤历史，唤回那段属于二十世纪的“红色”历史，唤回那段炮火硝烟、颠沛流离的历史，唤回那冲天的狼烟留下的悲壮回忆、岁月年轮沉淀的斑驳痕迹。历史不应该被忽略，更不应该被遗忘，牢记那段革命战争年代的红色历史更是责任。为了那些不应该被忘却的记忆，为了那些不应该被丢弃的信念，于是就有了这套《红色记忆》丛书。

曾记否，当草鞋与意志丈量出来的两万五千里穿越一个伟大民族五千年的荣辱兴衰，革命的火种被一路播撒、一路点燃。人迹罕至的雪山、荒无人烟的草地被鲜血浸透，衬映出一段光辉的里程；万水千山早已被远远地抛在身后，一轮红日在黄土高原磅礴而起。满目疮痍的河山在1936年10月温暖如春……

曾记否，当生命和鲜血浸染的十几年光阴将一种记忆铭刻进一个伟大民族的历史画卷，革命的火焰从星火到燎原。这栏杆拍遍、易水悲歌般的呼号，这折戟沉沙、慷慨赴义的悲壮，这铁马冰河、枕戈待旦的苦战，这红旗漫卷、所向披靡的豪迈……腔腔热血、铮铮铁骨早已被融铸成一座不朽的丰碑，中华民族从苦难中百死后生的壮丽诗史凝结成了五星闪耀的红色记忆。

曾记否，中华人民共和国成立以来，又有无数英烈接过前辈用鲜血染红的旗帜，或壮怀激烈戍边卫国，或忠于职守鞠躬尽瘁，或绝甘分少奉献大爱，甘做国家强盛、人民富裕的铺路石，成为和平年代民族复兴的荣光，把人民心中的红色记忆浸染得分外鲜艳，永不褪色。

这红色记忆，是信念不衰、志向不改的崇高气节；这红色记忆，是无私无我、生属苍生的博大胸怀；这红色记忆，是敢为人先、披荆斩棘的拓荒精神；这红色记忆，是中华民族最宝贵的精神财富。它告诫我们，人事有代谢，传承无绝期。缅怀先烈精神，继承先烈遗志，是社会的道德和民族的良心，是后来者须臾不可忘怀的本分。

老一代人把历史的真实交付给我们，我们有责任用真实还原历史，传承给下一代，把那段岁月与现在年轻人的生活连接到一起，使他们眼中的历史变得立体、真实、可靠，让历史成为他们前进的动力。本丛书将那些流动的、随时会飘散在时间天际的事件凝固下来，希望透过这些文字、图片，感受到英雄们那坚定的革命信念，感受到那个年代澎湃的革命激情，真切体会那段“红色历史”。

忘记历史，就意味着背叛。让我们重温历史，缅怀先烈，从中汲取力量，毅然前行。

刘栋

目录 CONTENT

目录

CONTENT

寻找《歌唱二小放牛郎》中的王二小

文／王文化　任丽颖

"牛儿还在山上吃草，放牛的却不知道哪儿去了……"最早唱响《歌唱二小放牛郎》的孩子已渐渐老去，而童谣里那个因将日寇引入八路军包围圈而牺牲的少年英雄形象，仍鲜活地跃动在人们的记忆之中。

在河北平山、涞源都有王二小纪念地，在河北顺平以至山西等地都有王二小式少年英雄的事迹流传。"六一"前夕，笔者踏访太行山，从多个地方的王二小的伙伴和研究者口中，还原出多个王二小式的少年英雄。虽难以确认谁是歌中所唱的那个少年，但能感受到"少年"成为"英雄"所经历的苦难与磨砺。一首童谣背后，是一群少年英雄在民族危亡之际，坚韧不屈，慨然赴死的壮烈。

太行山上的月光　养育着破村庄

"太行山上的月光，养育着破村庄，敌人来了奸淫烧杀他一心要抢光……可怜我的爹妈死得那样惨，哭也没有用啊，喊天也枉然，只有大家组织起来打败日本保卫祖国才能有家乡。"

抗日英雄王二小纪念碑（图片来源：新华网河北频道）

在平山县南滚龙沟村，八十六岁的史林山老人唱起了这首当年八路军叔叔教他的童谣。七十多年前这个村曾是《晋察冀日报》所在地，日军多次来烧杀抢掠，全村四百多人中有四十三人被杀。1941年秋，十三岁的儿童团长闫福华（小名二小）为掩护军民与敌周旋，最后被刺死在山崖，史林山是闫福华的伙伴。《歌唱二小放牛郎》的词曲作者方冰和劫夫当时在附近打游击，歌曲登在1942年元旦出版的《晋察冀日报》上。史林山说当年他们知道歌中唱的王二小就是闫二小，只不过在歌里化了名。如今，村边有二小的纪念碑和塑像。

如今的南滚龙沟村植被繁茂、山奇石秀，成了旅游点，但这是片铭记着日军暴行和军民抗争的土地。平山县党史办副主任郄新龙介绍说："抗战期间，平山县被日军反复'扫荡'，全县14213人被杀。但平山人民没有屈服，12000多人参加了八路军，是著名的抗日模范县。"

高山顶　小河旁　站岗放哨有儿童团

"夏天里，麦穗黄，保卫麦收兵马强。高山顶，小河旁，站岗放哨有儿童团。"

在阜平县，笔者听到这首《儿童团四季歌》。抗战中晋察冀等敌后抗日根据地，在共产党领导的抗日民主政府和青年抗日救国会的直接帮助下，普遍建立了抗日儿童团，教育、号召不少儿童参加了支援抗战的工作。站岗放哨是儿童团的任务之一，史林山说，闫二小牺牲前就是和他一起边放牛边放哨。

在残酷的战争面前，晋察冀边区抗日儿童团开展了"五不运动"：不给敌人带路，不给敌人送信，不吃敌人的糖，不念敌人的书，不告诉敌人藏粮的地方。王二小式的英雄不少县都有，顺平县野场村儿童团长王璞，1943年5月在日军逼迫他说出藏粮地点时，喊出"知道也不说，死了也不告诉你们"，而被敌人杀害，年仅十四岁。晋察冀边区政府授予他"抗日民族小英雄"的称号。

秋风吹遍了每一村庄　把这个动人的故事传扬

"秋风吹遍了每一村庄，把这个动人的故事传扬，每一个老乡都含着眼泪，歌唱着二小放牛郎。"

动人的童谣也引发过不少人的好奇，这王二小到底是哪里人？老作家陈模曾写过纪实小说《少年英雄王二小》，作品中的王二小是涞源县上庄人，后记以"寻访王二小"为题，记述了1995年他寻访和确认王二小的过程。八十岁的车志忠当年任涞源县政协副主席，曾陪着陈模在涞源调查。车志忠说："当年陈模在河北和山西找到了十个王二小式的少年英雄，最终认为涞源把日军引进包围圈而牺牲的小英雄王禾是王二小。"

王禾的父亲被日军所杀，哥哥也被抓走，他对日寇有国仇家恨，是村里儿童团的积极分子。如今涞源有王二小希望小学和纪念展室。但《歌唱二小放牛郎》的作者方冰生前曾多次说王二小"是个复合人物，是综合许多可歌可泣的人物故事创作

出来的”。

河北省社会科学院研究员王晓岚曾对王二小形象的传播过程进行过认真的梳理、考证，她说：“当年晋察冀根据地到处都活跃着儿童团员的身影，涌现出一批王二小式的少年英雄，一首童谣背后，融合了许多真实的英雄事迹。正是有千千万万个王二小的觉醒和抗争，才在民族危亡之际筑起了我们新的长城。”

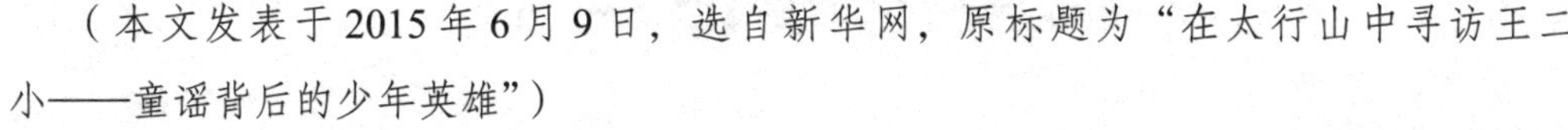

（本文发表于2015年6月9日，选自新华网，原标题为“在太行山中寻访王二小——童谣背后的少年英雄”）

几度沧桑话国歌

文／吴北光

十届全国人大二次会议通过的宪法修正案在宪法第一百三十六条中增加一款，规定：中华人民共和国国歌是《义勇军进行曲》。国歌同国旗、国徽一样，是国家的象征。赋予国歌与国旗、国徽同样的宪法地位，有利于维护国歌的权威性和稳定性，增强全国各族人民的国家认同感和国家荣誉感。

《义勇军进行曲》诞生于中华民族生死存亡关头，凝聚着中华儿女“不做亡国奴”的怒吼

由田汉作词、聂耳作曲的《义勇军进行曲》，诞生于1935年，当时中华民族正处于生死存亡的关头。这首在中华大地上歌唱了近七十年的歌曲，像一支战斗的号角，鼓舞了中华民族儿女去抗击日本帝国主义的侵略，解放全中国，去建设社会主义。

1931年的九一八事变，拉开了日本帝国主义侵华的序幕，“不做亡国奴”的吼声唤起了全国人民高昂的爱国热忱。先后于1932年和1933年加入了中国共产党的田汉、聂耳，全身心地投入中国共产党领导的抗日救亡运动。

《义勇军进行曲》词曲作者田汉（右）与聂耳（左）（图片来源：《人民日报》）

1934年春，田汉决定写一个以抗日救亡为主题的电影剧本。在他刚完成一个故事梗概和一首主

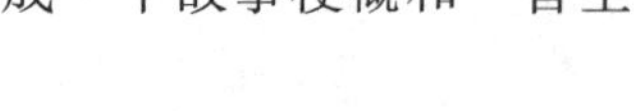

题歌的歌词时，就被国民党反动派逮捕入狱。另一位共产党员、戏剧家夏衍接手将这个故事写成了电影剧本，聂耳主动要求为田汉写就的主题歌《义勇军进行曲》谱曲。当他读到歌词“起来！不愿做奴隶的人们！把我们的血肉，筑成我们新的长城！中华民族到了最危险的时候，每个人被迫着发出最后的吼声。起来！起来！起来！我们万众一心，冒着敌人的炮火前进！冒着敌人的炮火前进！前进！前进！进！”时，他仿佛听到了母亲的呻吟、民族的呼声、祖国的召唤、战士的怒吼，爱国激情在胸中奔涌，雄壮、激昂的旋律从心中油然而生，很快就完成了曲谱初稿。后来他又在躲避国民党政府追捕的颠沛流离中完成了曲谱定稿。一首表现中华民族的刚强性格，显示祖国尊严、充满同仇敌忾、团结御敌豪迈气概的革命战歌就这样诞生了。这是聂耳短暂一生中的最后一个作品。

《义勇军进行曲》诞生后，就立即插上了翅膀，在祖国的大地上传唱开来。伴随着“一二·九运动”的大潮，救亡运动的巨浪、抗日战争的烽火、解放战争的硝烟，遍及大江南北、长城内外。这首革命歌曲甚至享誉海外，在全世界传播。1940年美国著名黑人歌唱家保罗·罗伯逊在纽约演唱了这首歌，接着他又灌制了一套名为《起来》的中国革命歌曲唱片，宋庆龄亲自为这套唱片撰写了序言。在当时的反法西斯战线上，《义勇军进行曲》是代表中国人民最强音的一支战歌。第二次世界大战即将结束之际，在盟军凯旋的曲目中，《义勇军进行曲》赫然名列其中。

（本文发表于2004年3月31日，选自《人民日报》，原标题为“几度沧桑 国歌的诞生及背后鲜为人知的故事”，有删节）

京剧《智取威虎山》中“杨子荣”背后的故事

文／李继民

因有小说、电影、电视剧《林海雪原》，特别是现代京剧《智取威虎山》与广大读者、观众见面，杨子荣的英雄形象闻名全国。可是有些写杨子荣英雄事迹的文章，却有不少史实错误。有的写得不真实，有的写得笼统，有的虚构细节，更有甚者随心所欲地歪曲史实，直到目前还有人发出令人不可思议的言论。作为一个读者、一个党史研究者，有义务也有责任为杨子荣说话。

杨子荣（图片来源:《南方日报》）

闯关东，漂泊生活十四年

杨子荣，原名杨宗贵，1917 年 1 月 28 日出生于山东省牟平县（今烟台市牟平区）。父亲杨世恩是泥瓦匠，母亲宋学芝是农家妇女。夫妇生有三男三女，两个早夭。杨宗福是杨世恩的长子，杨子荣是杨世恩的次子。

杨子荣四岁那年，家里饥寒交迫，无法度日。这年秋天，全家决定闯关东另谋生路。从山东到东北颠沛流离，全家人终于定居辽宁安东（今丹东）郊外的大沙河村。然而安东的生活也不如意，杨世恩夫妇每天从早到晚拼命地干活，也难以维持全家人的温饱。

无奈之下，杨世恩夫妇决定各领几个孩子分开活命。杨世恩与大女儿留在安东，宋学芝带着几个孩子回山东。尽管生活困难，宋学芝还是省吃俭用供杨子荣读了四年书。

1929 年，杨子荣在母亲的安排下，独自去安东投靠父亲。开始，父亲勉强能够供他上学。两年后，家中日子过得实在艰难，杨子荣便到姐姐做工的缫丝厂当童工，挣钱补贴家用。三年学徒期刚满时，因工厂效益不好，杨子荣失业了。后来，杨子荣在岫岩一带干了不到三个月的缫丝工人。不久，他又回到安东。

在安东，杨子荣采过石头，伐过树木，有时也被人找去挖石洞。1935 年，他到鸭绿江上当船工，在码头上扛大包、放木排，在江岸上拉纤，从事着繁重的劳动。也正是在这个时期，杨子荣熟悉了安东的山川地貌、风土人情，也接触到三教九流、行帮黑道各色人等，熟悉了他们的种种规则，甚至对土匪、地痞的暗语、黑话，都了如指掌。这段经历，为他后来参军当上侦察员做了充分的准备。

1939 年，杨世恩被日伪当局抓到黑龙江当劳工。大女儿去找他，不仅没找到，自己也与家人失去联系。杨子荣与父亲、姐姐失去联系后于 1940 年离开安东到鞍山千山当矿工。矿区生活艰苦，劳动强度大，不仅随时有生命危险，还要忍受日本监工的打骂。有一次，日本监工鞭打工友，杨子荣痛打了监工一顿。最后，在工友们的帮助下，杨子荣离开矿山。1943 年春，他回到了山东牟平。回到家乡后，杨子荣参加了民兵组织，配合八路军与日军斗争。

参军到东北，剿匪立功

1945 年 8 月 15 日，日本投降。9 月 18 日，杨子荣向本村农救会会长孙承祺报名参军。也是孙承祺领着他和另外一个叫韩克利的村民到城南雷神庙去报名和体检。10 月，杨子荣被编入胶东军区海军支队。10 月末，部队在莱西县（今莱西市）水沟头村整训后，奉命向东北挺进。11 月 24 日，部队在庄河登陆。

海军支队到庄河后，副政委李伟向驻在安东的辽南军区司令员兼政委萧华汇报工作。根据萧华的命令，海军支队更名为东北人民自治军辽南第三纵队第二支队。

在五常时，第二支队把下属的两个大队扩编为两个团和一个警卫营、一个炮兵连。

1946 年 1 月，杨子荣加入了中国共产党。

1 月 15 日，第二支队从五常出发，去海林县（今海林市）剿匪。第二支队广大干部和战士不畏艰难困苦，经过一面坡、苇河、亚布力、横道河子等地，于 2 月 2 日到达牡丹江以西的海林县。牡丹江军区司令员李荆璞等领导专程前来欢迎和慰问部队，并讲清当前敌情，明确了剿匪任务。

3月22日，攻打杏树底村残匪的战斗打响，杨子荣带着尖刀班冲在最前面。由于敌人火力太猛，多次进攻都没成功。为了尽早结束战斗，减少部队伤亡，指挥部命令炮火支援。几炮打过去，敌方阵地和村寨里立刻浓烟滚滚，也隐约听到妇女、小孩的哭喊声。如果再打下去，虽然能把土匪消灭，但老百姓也将遭到更大的损失。

在炮击的间隙，杨子荣来不及向上级说明情况，他对战友们说："我进村劝土匪投降。"战士们一听急了，连忙说："班长，那哪行，太危险了！"杨子荣说："为了救老百姓的命，再危险我也认了，就是死了，也值。"说着，他跃出掩体，手挥白毛巾，喊着："不要打枪。"土匪打开西门放杨子荣进了村。杨子荣进村后，先叫"同志"，再劝他们赶快投降，并大声说："外面全是民主联军，都给围上了。"

杨子荣向土匪们宣传共产党的政策，宣传剿匪部队的强大，部分土匪开始动摇。敌人分成两拨：外地土匪许大虎、王洪宾色厉内荏，叫嚣着"谁投降就枪毙谁"；家住本村的土匪头子郭福春、康祥斌顾及同村人的死活，有了投降的意思。双方发生争执，最终郭、康占了上风，杨子荣趁势又做了一番宣传，土匪们纷纷把枪扔了出来，围墙上挂起了白旗。

就这样，杨子荣用勇气和智慧，化解了一场战斗，劝降了四百多个土匪。战斗结束后，杨子荣荣立特等功，并被评为战斗英雄。

5月，杨子荣奉命潜入亚布力、苇河一带侦察匪情。这个地区盘踞着许福、许禄、许祯、许祥兄弟四人，有土匪六百余人。部队派两个营的兵力围剿。战斗打响后，由于土匪火力密集，部队进攻受阻。杨子荣化装成土匪，潜入侦察，搞清了匪情。原来"许家四匪"又秘密派五百多个土匪增援，充实战斗力。5月20日，第二支队也增派兵力，一举歼灭土匪一千余人，并活捉了"许家四匪"，苇河、亚布力一带的土匪完全被歼灭。

6月，杨子荣孤身一人去绥芬河侦察匪情，路过一处密林小屋，发现有土匪踪迹。他摸进匪窝，大声喊："不许动，我们是民主联军，你们被包围了！"接着，他又诈喊："一班堵房后，二班准备手榴弹，三班跟我抓活的。"吓得三个土匪扔枪投降，束手就擒。在审讯土匪过程中，三个土匪供出了号称"左手打枪百发百中"的"姜左撇子"匪部的窝点及兵力。二团发动突然袭击，活捉匪首"姜左撇子"及土匪一百余人。二团官兵无一伤亡。

生擒“座山雕”，血洒林海

1947 年初，剿匪近一年，大股土匪已基本被消灭，只剩少数残余土匪还躲在深山老林，且更加隐蔽、狡猾，“座山雕”就是其中的一个顽匪、惯匪。“座山雕”本名张乐山，1880 年生于山东昌潍。他十五岁进山为匪，十八岁就当上了匪首。清末、奉系军阀和伪满时期，都对“座山雕”进行过围剿，但最后都让他溜掉了。1945 年抗战胜利后，他被国民党委任为国民党中央先遣军第二纵队第二支队司令。经过东北民主联军多次围剿，“座山雕”手下只剩下二十多个人。

按照以往经验，对这种小股土匪，用大部队围剿是行不通的。团里决定，由杨子荣带领五名侦察员，组成一支剿匪小分队，扮成土匪模样，进山搜寻“座山雕”的匪窝，并伺机剿灭。同时派出大部队跟踪配合。

1947 年 1 月 26 日，杨子荣一行六人接到命令后，立即向海林北部的密林深处开拔。

他们在深山老林里一连转了好几天，才在一个叫蛤蟆塘的地方，找到一座工棚。工棚里住了十几个人，样子像是伐木工人。杨子荣先用土匪手势和黑话试探，意思是自己遭了难，走投无路，想请人帮忙牵线，投奔山头。开始没人搭理，后来一个自称姓孟的工头搭腔。消除疑虑后，对方亮明自己身份，其中一个自称是“座山雕”的副官，一个自称是连长，他们同意带杨子荣等人进山。孟工头答应给杨子荣等人安排住处，并拿出几斤玉米面和一些盐。然后，孟工头领他们走了二三十里路，来到一个空木棚住下，之后他就走了。

几天后，孟工头和一个土匪来到杨子荣他们住的工棚。杨子荣让两名战士把土匪给绑了，并假意解释说:“现在不知道是不是自己人，只好先委屈一下，到了山上再说。”两个土匪觉得到山上自会见分晓，也没太在意，就领着杨子荣他们直奔威虎山。

“座山雕”很狡猾，一路上设了三道哨卡。杨子荣他们每过一道哨卡，都让两个土匪上前搭话，然后把哨卡上的土匪也一块儿给绑了，一同押上山。过了三道卡，没走多远就到了“座山雕”的老巢。这是一个被当地人称作“马架棚子”的木棚。

杨子荣命令两名战士看好土匪后，带领其他战士冲进棚子，占据有利位置，枪口对准土匪。棚子里共有七个土匪，其中一个白头发、黑脸膛，长着鹰钩鼻子，留着山羊胡的瘦老头，正是惯匪“座山雕”。至此，杨子荣与战友们一举将作恶多年的“座山雕”及其属下土匪全部活捉。二团团部给杨子荣记了大功。

消灭了“座山雕”，剿匪任务并没有结束。1947 年 2 月 20 日，杨子荣又接到了新任务。这次是清剿土匪刘俊章、丁焕章和郑三炮。23 日，杨子荣和几个侦察员向土匪所在的屋内猛扑过去。慌乱中的土匪开始操枪，杨子荣立即扣动扳机，可能是天气太冷枪栓受冻，枪没有打响。这时，从屋内射出一颗子弹正好打中了杨子荣的胸膛，杨子荣晃了几晃，便倒了下去。开枪的土匪见打中人了，吓得扔下枪冲出门逃走了。1966 年“文化大革命”中，有人怀疑孟老三（孟同春）一辈子隐居山上，夏天种大烟，冬天打猎，有土匪嫌疑，于是把他揪了出来。没想到，他心中有鬼，自己招供了。交代的时间、地点、情节与杨子荣牺牲时的情景一样，后认定他就是向杨子荣开枪的人。最终，孟老三被法院判刑七年，后病死。

杨子荣倒下后，战友们爬上屋顶，揭开房盖，向屋内扔手榴弹，终于把这股顽匪消灭干净。

2 月 25 日，二团的干部、战士为杨子荣举行了隆重的公祭安葬仪式。3 月 17 日，追悼杨子荣大会在海林朝鲜族小学广场举行。东北民主联军总部授予杨子荣“特级侦察英雄”光荣称号，他生前所在排被命名为“杨子荣排”。

杨子荣参军后就随部队去东北剿匪，由于战事紧张，加之他当侦察员有一定的特殊性和隐蔽性，所以杨子荣没有给家中写过信。因此家里不知道他在部队用了杨子荣的名字，这就给家里带来了意想不到的麻烦。

1947 年腊月廿三，村里一个从东北回来的人说，在牡丹江看到过杨宗贵，说他“一身土匪打扮，头戴礼帽，穿黑棉袄，腰间插着两支匣子枪”。这天晚上，宋学芝和儿媳被叫到村公所受到一番盘问。村干部说：“人家都看见了，还能有假？”在第二年开春时，村里取消了杨子荣家的代耕，又派人把挂在他家大门口墙上的“光荣军属”牌子摘下来。宋学芝不服，一连上访多年，公社、县里和地区她都去过许多次，单是去县里上访就有数百回之多。后来，县里认为证据不足，于 1957 年 1 月发给宋学芝一纸“失踪军人证书”。1958 年 11 月，又给宋学芝发了“革命牺牲军人家属光荣证”。

现代京剧《智取威虎山》剧照（图片来源：《长沙晚报》）

1966 年，宋学芝去世。老人直至去世也不知道《智取威虎山》里的杨子荣就是自己的儿子。杨子荣的妻子因为与丈夫失联，又背上了“土匪家属”的黑锅，再加上女儿夭折，且自己得肺结核病无钱医治，忧思成疾，在1952年秋离开了人世。

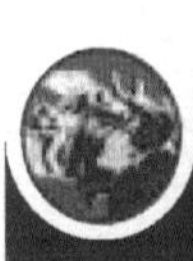

1966年，海林县委、县政府决定派民政局副局长关会元等一行四人去北京、胶东查寻杨子荣的籍贯、身世和家庭情况。他们先到北京找曲波。曲波只说，杨子荣是胶东人。他告诉海林来的人说，杨子荣的战友孙大德也在北京。关会元找到了孙大德，孙大德也只说杨子荣是胶东人。

关会元等人又到胶东，虽然查出一些线索，但都不能认定。第一次北京、胶东之行，无功而返。

尽管初查未果，但关会元并没有失去信心，他又拿出了新的方案。1968年5月，关会元率调查组第二次到北京，并找到了杨子荣生前所在部队。

部队副政委姜国政是杨子荣的老战友。听到海林县派人查询杨子荣的生平情况，非常激动。他说："杨子荣为了革命事业做出巨大贡献，又献出了生命，我们作为他的战友和同志，连他的身世都说不清楚，就太对不起先烈和后人了。"他以部队回忆军史为由，把杨子荣在北京的老战友曲波、孙大德、刘崇礼、魏成友等人召集到一起，召开了老战友追思杨子荣座谈会。

老战友们百感交集，发言特别热烈。有的说杨子荣家在荣城，有的说在牟平，还有的说在文登，众说不一。但是谈起杨子荣的相貌和特征时，大家的口述形象却是相同的：长脸，颧骨稍高，浓眉大眼，有少许络腮胡子，身高一米七左右，爽朗、健谈。

为了保证调查工作的顺利开展，姜国政从部队抽出两名干部与海林调查组一起前往胶东，开展调查工作。一来到胶东，联合调查组就直奔烟台地区革命委员会说明来意，请求协助。地委召开电话会议，要求各县区成立寻找杨子荣办公室，各县区公安、民政、武装部门通力配合，支持调查组开展调查。各地通过广播、张贴寻人启事等形式，查询杨子荣的籍贯、身世。仅三天时间，调查组就收到一百二十七条线索。对于其中有价值的线索，调查组找相关人员面谈、核实，但没有一人与杨子荣姓名相同。

有一天，牟平县城关公社民政干部马春英提供了一条线索：许多年前，嵎峡河村有一位老太太，老来查儿子当兵的事，可她说自己儿子叫杨宗贵。而且，她儿子参军后一直没给家里写信。后来传说他开小差当了土匪，村里停止他家的代耕和军属待遇。老太太不服，到县里找了几百回。后来，县政府认为证据不足，于1957年和1958年先后认定杨宗贵为失踪军人、革命牺牲军人。

调查组把情况向在北京的曲波等人做了汇报。1969年6月29日，曲波给调查组回了一封信。信的主要内容是："一、年龄，当年（1945年）二十九岁或三十岁。二、有妻子，小孩有否不详。三、杨子荣当兵时改名参军可能性较大，否则其家属为什么多年不向我联系呢？四、中等身材，一米七至一米八。五、为人活泼、热情，能言善道，人缘好，社会知识丰富，农耕是好把式，能下力吃苦。酒色财气不沾。他曾对我的警卫员刘希茂说过这样四句话，‘酒是穿肠毒药，色是刮骨钢刀。财是下山猛虎，气是惹祸根苗’。”

不久，调查组又根据1968年杨子荣老战友的回忆及曲波来信提到的情况，查访当年领杨子荣、韩克利一起到雷神庙报名、体检的孙承祺，又找到了当年村里和邻村当兵的人和本村一些老人，还专门查访了杨子荣胞兄杨宗福，他们所谈的情况与曲波等人的回忆是吻合的。初步确认，杨宗贵和杨子荣为同一个人。

1974年秋天，关会元去北京让杨子荣的战友辨识一张翻拍的、放大的杨子荣照片，大家异口同声地说："这不是杨排长吗？从哪儿得到的？"与此同时，这张照片又送到嵎峡河村让村子里的老人们指认，老人们都说："这不是宗贵吗？"当照片送到杨宗福手中时，他先是泣而无语，过了一会儿，号啕大哭。

20世纪70年代以来，中共海林县委、县政府先后五次修建烈士墓碑、两次重修杨子荣纪念馆。杨子荣烈士陵园也被黑龙江省政府批准为省级爱国主义教育基地。

1991年，中共牟平县委、县政府为纪念这位智勇双全的战斗英雄，在县城中心位置建起了杨子荣广场，在城南杨子荣参军集合的雷神庙西侧建起了杨子荣烈士纪念馆。

（本文发表于2015年3月26日，选自《党史博览》）

歌曲《松花江上》的故事

文/李　信

东北义勇军一部（图片来源:《吉林日报》）

“我的家在东北松花江上，那里有森林煤矿，还有那满山遍野的大豆高粱。我的家在东北松花江上，那里有我的同胞，还有那衰老的爹娘。”这首脍炙人口的歌曲《松花江上》，由张寒晖创作于1936年。

1935年秋，中国工农红军主力长征胜利到达陕北，蒋介石在西安设立西北“剿总”，任命张学良为副司令，调东北军入陕甘“剿共”。东北军官兵有家不能归，有仇不能报，思念故乡，厌倦内战，心头郁结着悲苦怨愤，要求停止内战、团结抗日的呼声日益高涨。此情此景触动了正在西安二中教书的张寒晖，他借鉴北方妇女在坟上哭丈夫、哭儿子的悲苦曲调，创作了歌曲《松花江上》。歌曲完成后，张寒晖亲自教二中学生和群众演唱，然后带领群众到街头演唱。歌曲很快传到东北军的学生队里，不久就传遍了东北军。悲怨壮烈的歌声，深深打动了广大东北军官兵的心，数万名官兵听后无不动情落泪。

西安事变前夕，爱国青年学生去临潼请愿行至十里铺时，张学良将军驱车赶来，劝导学生勿去临潼，怕有危险。这时，有人唱起了“九一八,九一八，从那个悲惨的时候，脱离了我的家乡，抛弃了那无尽的宝藏。流浪，流浪……”，悲壮的歌声令人断肠。张学良听了，沉痛地说：“请大家相信我，我是要抗日的……我在一周之内，用事实来答复你们。”

全面抗战开始后，周恩来代表八路军驻西安办事处出席东北军军官会议。会议结束时，周恩来指挥与会军官唱了这首歌。当唱到“哪年，哪月，才能够回到我那可爱的故乡”时，全场军官有的热泪盈眶，有的低头哭泣，有的举起了拳头：“一定要打回老家去！”1938 年 7 月 7 日晚，武汉举行了抗日一周年纪念活动，十多万群众分乘几百条木船，举着火把会聚在长江上。这时候，不知是谁领头唱起了《松花江上》，立即引起大家的呼应，掀起了巨大的声浪，汇成了人间罕见的、血泪凝聚的感情交响。

《松花江上》的作者张寒晖原名张蓝璞，字含晖，河北定县（今定州市）人。1925 年入北平国立艺专戏剧系，同年加入中国共产党，1930 年在北平加入中国左翼作家联盟。1934 年回老家组织抗日救国会。1935 年去西安，在东北军中宣传抗日。1942 年任陕甘宁边区文协秘书长。他创作的《松花江上》《军民大生产》《去当兵》等歌曲，在解放区和全国广为流传。1946 年 3 月 11 日，张寒晖病逝于延安，年仅四十四岁。

（本文发表于 2015 年 7 月 7 日，选自《吉林日报》）

穿越战火硝烟的《游击队歌》

文／王亚伟　丁绍学

“我们都是神枪手，每一颗子弹消灭一个敌人，我们都是飞行军，哪怕那山高水又深……”8 月 30 日晚，在上海纪念中国人民抗日战争暨世界反法西斯战争胜利 70 周年军民合唱展演现场，当年风靡抗日战场的《游击队歌》，不断被上海市民和部队官兵唱起。

前不久，在上海中共一大会址纪念馆举行的“中国共产党与全民族抗日战争文物图片展”上，一份贺绿汀先生创作的《游击队歌》手稿，引起了社会各界的广泛关注。

8 月 28 日，笔者在中共一大会址看到了贺绿汀老先生 1937 年作词、作曲的手稿。浸满水渍和墨痕的两页纸已呈暗黄色，但纸上的音符和歌词却清晰可见，歌词涂改很多。

在原谱上，还有鲜为人知的第二段歌词：“哪怕日本强盗凶，我们的兄弟打起仗来真英勇，哪怕敌人的枪炮狠，找不到我们的人和影。让敌人横冲撞，我们的阵地建在敌人侧后方，敌人战线越延长，我们的队伍越扩张。不分穷，不分富，四万万同胞齐武装；不论党，不论派，大家都来抵抗！我们越打越坚强，日本的强盗自己走向灭亡，看最后的胜利日，世界的和平现曙光！”

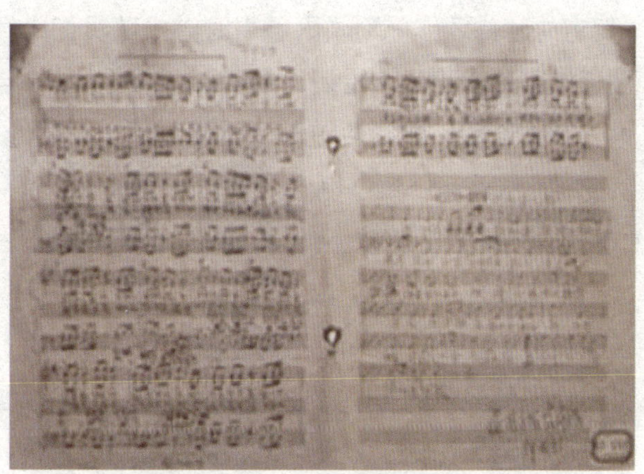

《游击队歌》原谱，为中共一大会址纪念馆馆藏国家一级文物（图片来源：《中国国防报》）

“这是国家一级文物。”中

共一大会址纪念馆馆长张黎明介绍说，“这份手稿虽饱经战火，贺老却一直珍藏在身。1961 年建党 40 周年时，贺老把手稿作为献给党的生日礼物郑重捐献给了我们纪念馆收藏。”

这份手稿的背后，是一首歌穿越七十多年的感人故事。

1937 年，八一三事变爆发后，上海文化界成立演剧队，在抗日民族统一战线的旗帜下到全国各地宣传抗日救亡。音乐家贺绿汀怀着对侵略者的强烈仇恨，参加了上海救亡演剧队，奔赴武汉、郑州、西安等地演出，宣传抗日。

1937 年冬，演剧队来到抗日前线——山西临汾，在城郊的八路军办事处（今临汾尧都区刘村镇），贺绿汀等艺术家们与抗日指战员们进行了亲切交流，特别是对游击战法产生了强烈共鸣。尤其在听了朱德、任弼时、贺龙等前方指战员的报告后，艺术家们感到，要彻底打败日本侵略者，游击战十分重要。

当天晚上，贺绿汀坐在油灯下，怀着激动的心情，将白天在抗日前线看到、听到的那些故事和片段一下子连成一体，连词带曲，一气呵成创作出了歌曲《游击队歌》。

1938 年 1 月 6 日，中共中央北方局和八路军总部在山西洪洞高庄召开高级干部会议，讨论华北抗战方针。会议期间，贺绿汀指挥演剧队全体队员们为与会代表演唱《游击队歌》。

“那时候，我们的武器装备很差，而日本鬼子装备的是洋枪大炮，来势汹汹。我们靠什么战胜鬼子？就靠军民团结、靠我们的革命精神。同时，游击战成为我们打击敌人的一个重要手段。抗日游击队犹如神兵在崇山峻岭间神出鬼没，以少胜多，打击敌人。”贺绿汀的学生、十岁参加新四军抗日的著名作曲家吕其明回忆说：“贺老的这首歌准确刻画出了当时游击队员们机智、灵活的英雄形象，歌词又特别贴近红军游击战法，尤其是‘没有吃，没有穿，自有那敌人送上前；没有枪，没有炮，敌人给我们造’两句还与会议主题十分贴近，所以受到与会的朱德、刘伯承、贺龙等高级将领一致好评。”

很快，《游击队歌》便迅速唱遍山西各抗日根据地，并传遍全国各抗日战场，成为鼓舞抗日军民奋勇杀敌的进军曲。

“1938 年夏，贺绿汀老先生又将《游击队歌》改编为四部混声合唱曲，成为 20 世纪中国最经典的合唱单曲之一。”吕其明说，“像我这样有过抗战经历的人，对这首歌的印象太深刻了。可以说，这首歌对全民族抗战是一种精神激励，当时很多工人和学生是唱着这首歌去前线抗日的。”

“我们都是神枪手，每一颗子弹消灭一个敌人……”说着，吕老就动情地唱起

这首交织着很多亲人和战友生命的歌曲。“一直到现在，我都能一字不差地把四个声部唱出来。印象太深了！”

吕老深情地回忆起贺绿汀先生第一次教他唱这首歌的情景。

那是1942年春夏之交，贺绿汀先生从上海来到淮南抗日根据地。那天，抗敌剧团全团同志到村口去迎接他。远远地，走来一位文质彬彬的中年男子，后面有人牵着一匹枣红马，马背上挂着小提琴盒子。吕其明一下就被这盒子吸引住了，这是什么东西啊？从来没见过。

一个皓月当空的晚上，听到远处有琴声传来，吕其明循着琴声跑去，看到贺先生在树下拉小提琴。吕其明听入迷了，世界上还有这么好听的音乐！

一曲结束，贺先生一回头，看到了吕其明，便走过去和他聊天。当得知吕其明只有十二岁时，贺先生说：“让你父亲想办法为你买一把小提琴吧，你现在正是学琴的好时候。”听了这话，吕其明激动万分。

当时贺绿汀先生在淮南抗日根据地待了三个月，他给抗敌剧团的同志们上乐理课，给他们排练合唱，其中就教剧团团员们唱了这首《游击队歌》。

“可以说就是贺绿汀先生在我心里播下了音乐的种子，对我的人生道路有着深远的影响。”吕其明激动地说，“这首歌会永远在我心底激荡！”

2014年底，上海市有关单位在筹划纪念抗日战争胜利70周年活动时，邀请八十四岁高龄的吕其明创作一部交响乐。

经过反复的思考、酝酿，吕老定下了《一支抗日游击队》的标题。“这就是受《游击队歌》的影响，每当我创作时，一支小小的游击队在抗日战争中神出鬼没、英勇机智地打击敌人的场面就浮现在眼前。我想，用具体形象的抗日游击队来展示抗战精神，歌颂抗战中我们民族所展现出的那种不屈的品格和精神，再形象不过了。”

（本文发表于2015年9月8日，选自《中国国防报》）

《延安颂》:“灯塔”延安的精神赞歌

文/陈　晨

郑律成（图片来源：国际在线网）

“啊，延安！你这庄严雄伟的古城，到处传遍了抗战的歌声。啊，延安！你这庄严雄伟的古城，热血在你胸中奔腾！”七十七年前，一曲慷慨激昂的《延安颂》在陕北高原诞生，迅速在边区广为传唱并远播大江南北，成为无数爱国青年向往延安，奔向抗日前线的动员号令。

《延安颂》创作于1938年春天，那正是日寇铁蹄践踏神州，中华大地处于水深火热之际。当时的延安，虽地处西北一隅，却因中国共产党倡导的抗日民族统一战线的巨大感召，成为全国爱国青年心驰神往之地。

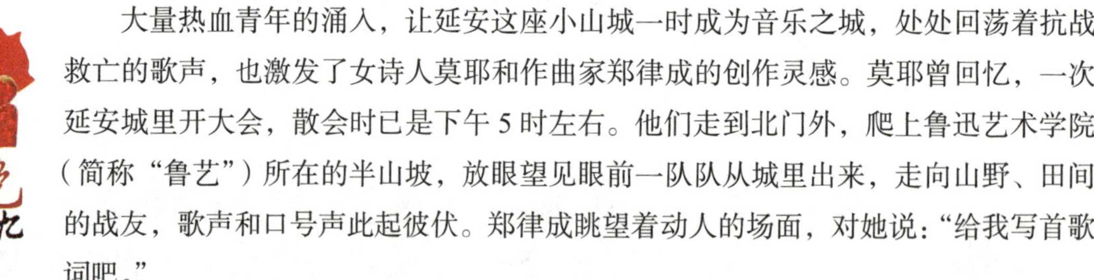

大量热血青年的涌入，让延安这座小山城一时成为音乐之城，处处回荡着抗战救亡的歌声，也激发了女诗人莫耶和作曲家郑律成的创作灵感。莫耶曾回忆，一次延安城里开大会，散会时已是下午5时左右。他们走到北门外，爬上鲁迅艺术学院（简称“鲁艺”）所在的半山坡，放眼望见眼前一队队从城里出来，走向山野、田间的战友，歌声和口号声此起彼伏。郑律成眺望着动人的场面，对她说：“给我写首歌词吧。”

“夕阳照耀着延安的宝塔和庄严的古城，歌声回荡在延河之畔，莫耶深受感染，一气呵成写就歌词交给郑律成，郑律成很快完成了谱曲。首演之后，被定名为《延

莫耶（图片来源:《兰州日报》）

安颂》。”延安鲁艺文化园区管理办公室副研究员刘妮说。

首演时，郑律成亲自演唱了这首歌，莫耶激动得热泪盈眶。刘妮说，《延安颂》问世后，迅速传唱开来，影响很大。许多没有到过陕北的人听了这首歌，都对延安产生了向往。后来，有的爱国青年正是唱着《延安颂》，一路坎坷来到了圣地延安。

“千万颗青年的心，埋藏着对敌人的仇恨。在山野田间长长的行列，结成了坚固的阵线……”延安革命纪念馆馆长、研究员张建儒说，《延安颂》是延安诸多反映抗战的歌曲中的代表作，是对延安作为民族精神“灯塔”地位的集中概括和反映。即使到了今天，在《延安颂》的歌声中，人们依然能够体会到当年全民族团结一心抵御外敌的慷慨悲壮和“胜利必属于我”的坚定信念。

许多人或许并不知晓，这首流传甚广，成为鼓舞抗战志士爱国热情赞歌的曲作者郑律成，原本出生在朝鲜。童年时期，他目睹了朝鲜沦陷的苦难，产生了强烈的抗日情怀。1933 年，十九岁的他来到中国投身到抗日救亡运动中。七七事变爆发后，郑律成来到延安，后在陕北公学和鲁迅艺术学院任职。

在延安，抗日军民救亡的热忱鼓舞着他。郑律成曾回忆说：“延安是抗日的圣地，我就想歌颂她，所以写了《延安颂》。我们搞创作的人，要有一股劲，要有一种激情，才能写东西。”这位伟大的反法西斯战士，于 1950 年加入中国国籍。

“七十多年过去了，《延安颂》仍在传唱。它已经超越了一首抗战歌曲的内涵，成为民族历史的见证。歌曲曲调昂扬，旋律雄壮、优美，充满了正能量，永远都是鼓舞全体中华儿女团结奋进、不屈抗争的精神赞歌。”张建儒说。

（本文发表于 2015 年 8 月 22 日，选自新华网，有删节）

《没有共产党就没有新中国》是怎样诞生的

文／余　玮

京郊的一个僻远小山村因为被发现是一首耳熟能详的歌曲原创地而变得热闹起来，人们带着特别的红色情愫来这里寻访。

这首歌就是《没有共产党就没有新中国》。这首旷世之作的发源地就是被列为全国第二批红色旅游经典景区的北京房山区霞云岭乡堂上村。七十年前的一个晚上，刚满十九岁的曹火星怀着激动的心情，就着一盏小油灯在堂上村的一间厢房里，写就了这首经典红歌。写成后，这首歌很快就在当地群众中传唱起来，随即唱遍了小山村，唱遍了晋察冀边区、唱遍了全中国……

曹火星（图片来源:《北京晨报》）

找到音乐创作和救国理想的交集

1937年，曹火星高小毕业的时候，七七事变爆发了。年仅十三岁的他随家人逃难至平山西部山沟里的亲戚家。1938年2月，他参加了平山县农民抗日救国会，并成为村青年救国会主任，实现了由一个孩子向革命者的跨越。同年，他被调到平山县抗日救国青年联合会宣传队任演员、音乐队队长。

抗战伊始，《太行山上》《大刀进行曲》《到敌人后方去》等曲子在晋察冀广为

传唱。曹火星充分发挥自己的特长，教大家识谱、唱歌。当时，曹火星还不会作曲，但模仿就是最初的导师，他依葫芦画瓢，用旧曲填新词，把民歌小调改为抗日歌曲。1938 年 4 月，曹火星和另外一些年轻人组成了旨在宣传抗日鼓舞民心的铁血剧社。

1939 年，华北联合大学千里跋涉迁至平山，铁血剧社全体成员被组织安排入校。曹火星进入了文艺学院音乐系，正式学习作曲、和声等音乐知识。

1943 年，曹火星所在的铁血剧社更名为群众剧社。战火的洗礼锤炼了曹火星，活跃的晋察冀抗战文艺哺育了曹火星。这年 4 月，曹火星成为一名光荣的中国共产党党员。之后，曹火星和群众剧社小分队，翻山越岭转战到海拔 2160 多米高的房山堂上村。

曹火星等几人来到堂上村，当时村里的党支部书记（对外称公安员）任显朝接待了他们。几个人放下背包，就立即帮助村干部一边推行减租减息政策，一边把党的抗日政策编成深受群众欢迎的文艺节目进行宣传。堂上村有剧团，唱河北梆子。曹火星等几人便用河北梆子的曲调帮助村剧团排练文艺节目，有《支前》《抓壮丁》，还排练了反法西斯的节目。

文思化作音符跃然纸上

当年，北京市堂上村隶属于八路军邓华支队开辟的平西抗日根据地。平西抗日军民开展游击战，狠狠打击日本侵略者。平西是中国共产党人及其所领导的八路军、新四军在中华民族生死存亡的关键时刻，挺身而出，共赴国难，积极倡导抗日民族统一战线，建立敌后根据地，实行全民族抗战的一个缩影。

根据中共中央精神，群众剧社小分队利用当地流行的“霸王鞭”民歌曲调填新词，一连创作了四首宣传中共抗日主张的歌曲。

1943 年的一天，十九岁的中共党员曹火星读着延安《解放日报》的社论《没有共产党，就没有中国》，一时心潮澎湃。从十三岁参加革命起，六年多来，曹火星目睹了共产党领导人民抗日救国的大量事实。如何能把广大人民的心声写成词、谱成曲？曹火星想着，想着……这时，村里的民兵、妇女和少年儿童的歌声传来，那是他们在教唱由曹火星谱曲的《选举小唱》。实行民主选举，群众对共产党的减租减息、开辟敌后根据地等一系列政策和行动都一呼百应地拥护。共产党为人民谋利益，为人民翻身得解放的政策深得民心，而他的歌曲也一定是用群众的心声谱写出来的！

曹火星凝眸冥想一会儿，便在纸上写下了一句真理：“没有共产党就没有中国。”

这是词曲的题目，也是这首歌曲的主题。他要把自己对党的热爱和参与历史实践的亲身感受，化作铿锵的旋律。主题定了，文思跃然纸上：“没有共产党就没有中国。共产党辛劳为民族，共产党他一心救中国……”

坐在土炕上，曹火星边写边唱，经过一天一夜的反复修改，《没有共产党就没有中国》这一首红色经典诞生了。

之后，曹火星教会了堂上村村民唱《没有共产党就没有中国》。接着，涞水县的一位干部第一次将《没有共产党就没有中国》油印成歌片儿在县里传唱。当年，房山和涞水都属于平西专员公署管辖。尔后，晋察冀专区在易县举办一千多人的干部冬训学习班时，曹火星又教唱了这首歌，并在群众剧社主办的刊物《群众歌声》上首次发表。

红歌一字之易的故事

1950 年的一天下午，北京，中南海。

毛泽东正在院子里散步，忽然听到放学回家的女儿李讷在唱歌。他把女儿叫到身边，好奇地问：“你唱的是什么歌呀？再唱一遍给我听听好不好？”李讷笑了笑：“爸爸，我唱的是《没有共产党就没有中国》。”接着，她大方地放开喉咙唱了一遍。

微笑着听完，毛泽东问：“乖女儿，你说说，中国共产党是哪年成立的？”李讷不假思索地答道：“1921 年！”

“那中华人民共和国是哪年成立的？”“去年 10 月 1 日。”

“好！那么中国的历史有多少年了？”这个问题可有点难。李讷想了想，试探着说：“大概有几千年了吧？”

毛泽东点了点头，微笑着说：“对嘛，中国已经有五千年的历史，而中国共产党成立才几十年。你想想是先有中国还是先有中国共产党？怎么能说没有共产党就没有中国呢？”

看到李讷有些不知所措的样子，毛泽东接着说：“不要紧，我帮你加上一个‘新’字，这首歌就叫《没有共产党就没有新中国》，你看好不好？”

此后，毛泽东还曾把这个问题提到中央的会议上来。从此，这首歌就改成了《没有共产党就没有新中国》，走进中小学生的音乐课堂，成为与党史相伴的不朽之作，回荡在中华人民共和国广阔的大地上。

（本文发表于 2016 年 6 月 30 日，选自《人民政协报》，有删节）

《解放区的天》汇聚抗日洪流

文／王　民

“解放区的天是明朗的天，解放区的人民好喜欢，民主政府爱人民呀，共产党的恩情说不完。”这首创作于1943年，原名《边区的天是明朗的天》的歌曲在战火纷飞的抗战后期，在各边区、抗日根据地传唱，鼓舞着广大人民群众投入到共产党领导的抗日洪流中去。

这首歌曲的词作者是河北沧县人刘西林。1937年，十八岁的刘西林参加八路军，第二年被分配到贺龙领导的一二〇师战斗剧社，从事一些民歌的记谱和配歌工作，发动和宣传群众对敌人作斗争。1942年，刘西林被派往延安鲁迅艺术学院学习。1943年春，在毛主席《在延安文艺座谈会上的讲话》精神指导下，刘西林随战斗剧社到晋绥边区开展大秧歌运动。

1943年前后发生了很多重要事件：日本与汪伪政府发表《共同作战联合宣言》；八路军进一步恢复和扩大抗日根据地，积极开展大生产及拥政爱民运动；河南发生遍及全省的饥荒，灾民纷纷外逃。

为了配合当时的形势和任务，刘西林在晋绥边区大秧歌运动中，创编了一部简单的秧歌剧《逃难》。讲述的是河南国统区一家三口为躲避水灾、旱灾、蝗虫、汤恩伯“四害”之苦，逃难到了共产党领导的晋绥边区，并在边区政府和人民的热情关怀和帮助下，幸福地安下了家，过上了好生活的故事。

根据《逃难》剧情需要，刘西林用流行于自己家乡——河北省沧县南部和盐山一带的传统民歌《十二月》的曲调，未做任何加工和修改，填配新词改编成《边区的天是明朗的天》，作为《逃难》的主题歌。主体歌词“边区的天是明朗的天，边区的人民好喜欢，民主政府爱人民呀，共产党的恩情说不完”共三十四个字，简洁、明快、有力地歌颂了共产党的领导。

刘西林生前曾说：“历代劳动人民传唱的《十二月》历史很悠久。在我童年时代，就曾见到父辈们每年春节踏着这个曲调的节奏，边舞边唱，表达渴望太平生活的心情。时隔多年，我对这首歌曲仍然记忆犹新，‘正月里来正月正，家家户户挂红灯’，以及“呀呼咳呼咳……”的旋律经常在耳边回响。”

《边区的天是明朗的天》表达了国统区和敌占区的苦难人民逃到边区后，受到党和政府关怀的感激和欢乐的心情，也体现了边区人民热爱党和政府的浓厚感情。因此，秧歌剧《逃难》演出后，这首主题歌在边区广泛流传开来，并很快就传到其他抗日根据地。

从创作完成，到响彻边区；从抗战胜利，到全国解放，《边区的天是明朗的天》在七八年的流行过程中，词曲基本没变，只是把歌词里“边区”改为“解放区”，曲调也相应增加了音符，这便是后来响彻中华大地的《解放区的天》。

（本文发表于 2015 年 8 月 3 日，选自新华网）

《三大纪律八项注意》诞生于红安

文／彭小萍　万小勇　张瑞林　黄胜荣

在中国革命的洪流中，红安（原名黄安，1931 年后改称红安）这片神奇的土地上，先后走出了董必武、李先念两位国家主席，诞生了三支工农红军队伍，孕育出开国大将王树声等两百多位将军。

他们坚持“一要三不要”（要革命，不要钱、不要家、不要命）、“一图两不图”（图奉献，不图名、不图利），以实际行动在红色沃土上，矗立起一座座廉政丰碑。

让我们走近红安，探寻不朽的红廉文化。

1932 年 11 月 30 日，留在大别山根据地的鄂豫皖省委，在七里坪檀树岗重新组建了红二十五军，担负起坚守和保卫根据地的重任。由于经受了国民党军的重兵“清剿”，军民生活非常艰难，有些红军战士擅自伸手向群众谋食。

加强对部队的纪律教育迫在眉睫，于是歌词生动、曲调简单的《红军三大纪律八项注意歌》在部队唱响了。后来，这首歌又伴随着红二十五军走出了红安，唱到了延安。

中华人民共和国成立后，这首歌经过多次修改后更名为《三大纪律八项注意》，成为中国人民解放军广为传唱的一首歌曲。毛泽东同志曾在南方视察、中央政治局会议等多个场合领唱此歌。

20 世纪 70 年代，解放军战士在学唱《三大纪律八项注意》（图片来源：《湖北日报》）

这首歌从红军长征唱到抗日战争，又从抗日战争唱到解放战争，经久不衰，可词、曲作者是谁，一直是个谜。

1973 年 3 月 26 日，一位名叫程坦

红安县档案馆收藏的《刘华清回忆录》对歌曲的诞生有详细记录（图片来源：《湖北日报》）

的老干部给周恩来总理写信，称自己是《三大纪律八项注意》的填词者，并详细说明了填词经过。1978 年 4 月和 1980 年 1 月，总政文化部先后派专人对这首歌曲产生的历史情况进行了调查，证实程坦就是《三大纪律八项注意》的填词者。1981 年《解放军歌曲》第三期重新发表了《三大纪律八项注意》的歌词，并明确注明“程坦编词，集体改词”。

据《刘华清回忆录》介绍，1932 年，鄂东北道委驻在红安天台山，政治部秘书长程坦（黄安人）找到时任宣传科长的刘华清（黄安人），建议将黄安歌谣《红军纪律歌》和《三大纪律八项注意》的条例结合起来，再配上当时流行的《土地革命歌》的曲子，编成《红军三大纪律八项注意歌》，对部队进行纪律教育。两人经多次商量修改后定稿。

1934 年 10 月 20 日，鄂豫皖省委在七里坪刘家湾纪念十月革命 17 周年时，《红军三大纪律八项注意歌》第一次在公开场合中正式登台，歌曲高亢、激昂，节奏感强，唱出了军人的威风。从此，这首歌曲在军中逐渐被传唱开，刘家湾也因此成了这首军歌的诞生地。“红安是革命歌谣的发源地，除了《三大纪律八项注意》，还有《八月桂花遍地开》，分别伴随着在红安建立的红四方面军、红二十五军两支红军部队一路唱出红安，唱到延安，唱遍全中国。”红安县黄麻起义和鄂豫皖苏区纪念园纪委书记郭嗣慎介绍。

（本文选自《湖北日报》）

《保卫黄河》：几代人的经典回忆

文／王　燕　沈冠楠

“风在吼，马在叫，黄河在咆哮，黄河在咆哮……”，想必这首脍炙人口的《保卫黄河》不仅是爷爷辈的回忆，也是“90后”儿时课堂的学曲。七十多年前，民族存亡的危难时刻，一曲慷慨激昂的《保卫黄河》在延安奏响。自此，黄河上下，长城内外，无数志士仁人高唱着《保卫黄河》奔赴前线奋勇杀敌，奏响了中华民族救亡图存的时代最强音。

光未然（图片来源《光明日报》）

创作背景

1938年末武汉沦陷后，诗人光未然带领抗敌演剧第三队（简称“演剧三队”）东渡黄河转入吕梁山抗日根据地。东渡黄河时，他亲眼看见了黄河船夫与惊涛骇浪进行生死搏斗的情景，为船夫们的英勇豪迈所感染，便开始酝酿创作。在吕梁山的两个多月里，他与抗日游击健儿一起出生入死，火热的生活激发了诗人的创作激情。后来他因坠马受伤，再次渡过黄河来到延安疗伤。

创作经历

口述400多行的长诗激发创作热情

1939年春天到达延安后，病榻之上的光未然根据两次渡河及在吕梁山行军的经历创作了长诗。因为手臂受伤，他在五天时间里口述了长达四百多行的长诗，让演剧三队的胡志涛做记录。作品完成后，光未然把已到延安鲁迅艺术学院（简称“鲁艺”）任职的冼星海与演剧三队的同志们请到他居住的窑洞里。

“朋友！你到过黄河吗？你渡过黄河吗？你还记得河上的船夫，拼着性命和惊涛骇浪搏战的情景吗？”一盏极其昏暗的油灯旁，年轻的诗人用低沉的声音朗诵了《黄河船夫曲》《黄河颂》《保卫黄河》《怒吼吧，黄河！》等八个部分的《黄河大合唱》的歌词。光未然的深情感染着窑洞里的每一个人，诵读结束时，凝神片刻之后的冼星海突然站起，将歌词一把抓在手上，激动地说：“我有把握把它谱写好！”

六天不眠不休完成全部曲谱

冼星海当时正在谱写《生产大合唱》，他用了六天时间完成后，立即着手《黄河大合唱》的谱曲。当时，他完全进入了一种难以抑制的兴奋状态，长时间不休息，偶尔躺到床上抱头沉吟一会儿，很快又从床上猛然蹿起，继续谱曲。冼星海喜欢吃糖果，但延安又买不到，于是光未然颇费周折给他弄来两斤白糖。他写一会儿便抓一把白糖放进嘴里。夜深人静，炭火熄灭了，但冼星海的创作热情比炭火还要炽热。六昼夜过去了，冼星海呕心沥血，终于完成了《黄河大合唱》的全部曲谱。

冼星海（图片来源：新华网）

传唱故事

冼星海亲自指挥大合唱

1939 年 4 月 13 日，《黄河大合唱》在陕北公学礼堂的首演获得成功。5 月 11 日，在庆祝鲁艺成立一周年的音乐晚会上，冼星海亲自指挥一百多人组成的合唱团，演唱《黄河大合唱》，获得热烈的反响。

自此，《黄河大合唱》从延安传遍全中国，传向世界，1941 年还漂洋过海登上了美国的舞台。它一次次奏响民族危亡时刻的时代最强音，成为代表中国人民保家卫国伟大精神画卷的不朽篇章。

老兵回忆

歌曲雄壮　歌词振奋人心

现居南昌的八十七岁新四军第三师老兵钱岐山谈起《黄河大合唱》，依旧滔滔不绝。他告诉笔者，当年文化教员教他们唱的众多歌曲中，《黄河大合唱》听起来最为雄壮。“出早操的时候，一个连一百一十多人先一起唱歌，唱完之后就跑步、训练。歌曲很是振奋人心，极大地鼓舞了我们的士气，我们打起仗来都十分勇敢。”

（本文发表于 2015 年 8 月 23 日，选自《信息日报》）

《军民大生产》七十余载传唱不衰

文／程　楠　张玉洁

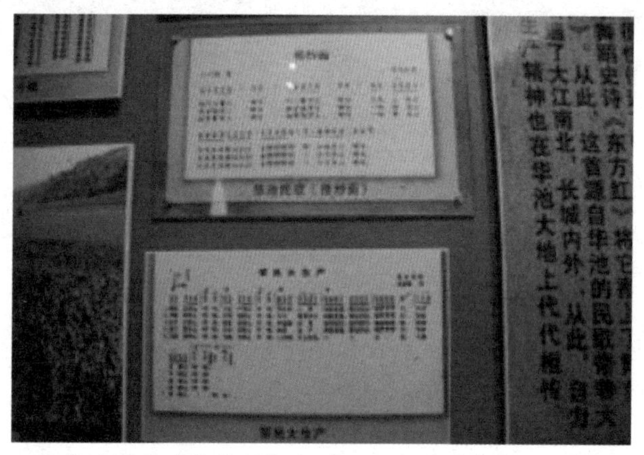

华池民歌《推炒面》与《军民大生产》（图片来源：庆阳市旅游局网）

“解放区呀么嗬咳，大生产呀么嗬咳……”诞生于20世纪40年代的《军民大生产》至今仍传唱不衰。

“这首歌从大凤川诞生，后来成为全国几代人都会唱的名曲。”军民大生产博物馆馆长王有功说。这个博物馆坐落在甘肃省庆阳市华池县大凤川，这里正是当年八路军开展军民大生产的地方。

20世纪40年代，中国正处在抗日战争最为艰难的战略相持阶段，国民党加紧了对陕甘宁边区的经济封锁。在毛泽东同志提出“自己动手，丰衣足食”的号召后，陕甘宁边区开展了一场轰轰烈烈的军民大生产运动。

1943年春，第一二九师三八五旅七七〇团的千余名战士进驻大小凤川，开展生产活动。在军民齐心的艰苦奋斗下，当年开荒就达3.4万亩（1亩约为666.7平方米），曾是野山僻壤的大凤川成了“万宝川”。

军民大生产纪念馆（图片来源：庆阳市旅游局网）

同年，音乐家张寒晖来华池采风，深受军民劳动热情感染。他以华池民间小调《推炒面》为基调，创作出了高亢的劳动号子《边区十唱》。王有功说：“1964 年，大型音乐史诗《东方红》中采用了这首歌曲，并把它更名为《军民大生产》。”

在华池县南梁红色景区，讲解员王芳每天都会向游人讲述七十多年前军民大生产的往事。“由于缺乏劳动物资，八路军就用废铁铸造生产工具。加上大凤川位于子午岭林区边缘，耕地开垦相当艰难。”王芳说，“尽管条件有限，但据当年《解放日报》报道，大凤川地区开展军民生产竞赛，每天每人平均开垦荒地 2.3 亩。”如今的这片土地，已是陇东粮仓。

对于更为年轻的一代人来说，《军民大生产》仍能勾起他们的兴趣。“80 后”杜源虎是庆阳市西峰区电视台编导，他曾在 2011 年拍摄了一部关于陇东民歌的专题片。“在我小时候，父辈们下地劳动时吼的就是《军民大生产》。除此之外，《万丈高楼平地起》和《春节序曲》等一批唱响中国的名曲都来自庆阳革命老区。这些歌曲不仅再现了当年劳动情景，也表现了我们老区人民对新生活的向往。”

如今走进军民大生产博物馆，仍能从老照片中感受到当年军民大生产时热火朝天的劳动氛围。每次在参观接近尾声时，王有功都会为游客再唱一曲《军民大生产》。

（本文发表于 2015 年 8 月 2 日，选自新华网）

战歌《团结就是力量》来自同名抗日歌剧

文／刘胤宇

“团结就是力量，团结就是力量，这力量是铁，这力量是钢，比铁还硬，比钢还强，朝着法西斯蒂开火，让一切不民主的制度死亡……”七十二年前，这首响遏行云的战歌，传遍燃烧着抗日烽火的祖国大地，时经七十余年传唱至今，那激昂的旋律伴着充满斗志的歌词依旧雄壮有力地响彻耳边。然而人们在高唱它的时候，却很少知道他的曲作者卢肃，也很少知道这首歌的来历。8 月 19 日，笔者在北京倾听卢肃女儿卢乔讲述《团结就是力量》的创作故事。

卢肃（图片来源：《沈阳日报》）

行军中创作，日寇子弹打穿他的军用水壶

卢肃（1917—2004），原名卢方平，生于江苏徐州的一个中医世家。他自幼酷爱音乐，对流行于家乡的民间戏曲、民间音乐有广泛的接触。读书期间，接连发生的九一八事变、八一三事变，对他的心灵震动极大，于是他决定投身反日爱国学生运动，寻求抗日救国的道路。1938 年，卢肃参加了北平学生移动剧团。在中共地下党组织的领导下，他们借着西区慰问演出的机会，几经辗转来到了延安，进入了鲁迅艺术学院（简称“鲁艺”）音乐系学习。

延安鲁艺让卢肃走上了音乐的道路。在那里他师从冼星海，学习作曲和指挥。1939 年，他成为鲁艺的一名音乐教员。之后，他随延安院校深入敌后方晋察冀边区办学（华北联合大学）。从延安到河北平山，这支文化纵队行军 1250 公里。山高路险，闯过敌人的枪林弹雨和道道封锁。途中遭到日军袭击，子弹打穿了卢肃的军用水壶，他幸免于难。长途跋涉中，他作词、谱曲写下了自己的处女作《古道行军》。歌中唱道："高原古道，涂着英雄的血汗，年轻的歌声，滋润着田园。跨过激流，越过高山，为救民族危亡，不怕一切艰险。冲到敌后方，开展游击战……"这首进行曲，一经谱出就立即在青年中传唱开来。

1939 年，卢肃赴晋察冀根据地任华北联合大学文艺学院音乐系主任。在晋察冀根据地期间，他一边从事教学，一边谱写了大量的抗战作品，有大合唱、歌剧和许多群众歌曲，像《华北人民进行曲》《春耕大合唱》《毛泽东之歌》等都在群众中广泛流传。"'联大'是一所学校，也是一支边学习、边生产、边宣传、边战斗的游击队，全部学员都生活在农村，与群众同吃在一个锅里，睡在一铺炕上，环境非常艰苦。"卢乔说，父亲在世的时候每每回忆起这段生活，总是情不自禁地伤心难过，"他常说：'我自己遭受的这些苦难根本算不了什么，但是只要一想到老百姓遭受的罪我就忍不住难受。'"回忆起那段艰难的岁月，卢乔深有感触，她回忆道："虽然那个时候我还没出生，但是从母亲的讲述中感受到那真的是血腥、残酷的岁月。有次我们的部队被打散了，我的母亲和其他战友被日军包围在白洋淀。因为他们都穿上了老百姓的衣服，鬼子找不到他们。于是，狡猾的鬼子使出一条毒计，把不会说当地话的人全部用刺刀挑死了。由于母亲是土生土长的当地人，所以才侥幸逃过这一劫。但是她亲眼看见自己的战友死于鬼子的刺刀下……"妻子险些丧命，也让卢肃深切地感受到，只有全中国人民站起来共同抵抗才能打败日本侵略者。就是在这段艰难的岁月里，他创作出了那首传唱至今的《团结就是力量》。

《团结就是力量》是为反"扫荡"而作

1942 年初，敌后抗日根据地处于黎明前的黑暗，是战斗最紧张、最残酷，也是最困难的时期。为了反击日寇到边区"扫荡"，实行"杀光、烧光、抢光"的"三光"政策，西北战地服务团根据边区总的部署组成了两个队，深入到河北平山和山西繁峙的广大农村地区参加斗争。当时刚到西北战地服务团不久的卢肃跟着平

1943 年街头歌剧《团结就是力量》剧照（图片来源：《沈阳日报》）

山队来到黄泥县。西北战地服务团平山队为了配合保卫麦收、对敌抢粮的任务，需要在当地一天一个村进行巡回演出和宣传工作。他们白天工作，晚上参加当地的减租减息斗争。1943 年，广大农民为了争取自己的合法权利，奋起斗争，产生了巨大力量，这给了卢肃很大的启示。“为了配合这场战斗，团里的牧虹同志找到了我父亲，两人决定在三四天的时间里，突击创作一个小型歌剧，名字就叫做《团结就是力量》。当牧虹写完了这个小歌剧的时候，觉得总体效果还不错，就是结尾缺了点什么，于是就决定写一个结尾的曲子。牧虹写完了词之后拿给我父亲，我父亲不一会儿就把这个曲子写出来了。”卢乔说道。

当时没有舞台，歌剧演到结尾时，演职人员都跑到场地中间，大家互相挽着臂膀共同唱着这首歌。演出结束后，这首歌就不胫而走，从解放区传到国统区，最后传遍全国。“这个歌剧虽然很简单，但是这首《团结就是力量》的影响却是非常大的，大到我父亲都没想到。这首《团结就是力量》之所以到今天依然久唱不衰，是因为它唱出了中华民族抗击日本侵略者的心声，为世界法西斯罪恶势力敲响了丧钟。”卢乔义正词严地说。

歌曲在白色恐怖下秘密流传

1945 年抗日战争宣告胜利，在接下来的解放战争中，卢肃又从华北地区进军到北平城外。在和平解放北平的过程中，有一天，他在清华大学突然听到了学生们在唱《团结就是力量》。“当时我父亲很惊讶，他也不知道这支歌是怎么传到北平学生中来的，学生也不知道谁是这支歌的作者。据说，在国民党统治区域秘密流传的歌片儿上也没有作者的署名，但是这支歌表达了革命青年的心声。他们在游行示威中挽起臂膀，高唱着《团结就是力量》，迎着国民党军警的水龙、刺刀。《团结就是力量》的歌声把人们的斗志豪情凝结成了钢铁。”卢乔回忆道。

《团结就是力量》不但铿锵有力，而且曲调流畅，色彩鲜明，容易上口。接连向上的六度大跳进不但形成了这支歌曲的特殊风格，又充分运用了五声音阶的素材，使作品具有浓烈的中华民族音乐风格。“《团结就是力量》在音乐上继承了民族音乐的优秀遗产，吸收了外国近代音乐的艺术成就。所以它不但冲破黑暗势力的重压，迅速流传，而且经受了时间的考验久唱不衰。从解放战争起，《团结就是力量》不但在北平唱，在重庆唱，在昆明也唱。人们把它当成是一首全国的民族运动战歌。”卢乔激动地说。

直到 1950 年中国人民唱片厂邀请中国儿童剧院录制这首歌时，才正式认定它是牧虹、卢肃的作品。在那次录音时，由卢肃本人订正了曲谱在秘密流传中形成的讹误。“后来，中国革命博物馆在收藏的文物中发现了《团结就是力量》的油印本，他们请我父亲来鉴定。我父亲惊奇地发现那本《团结就是力量》的歌本没有作者姓名，而且歌曲还是印在一本油印的账册里面的。可见它是在白色恐怖的环境下冒着风险秘密流传的。”

每当国家危难时这首歌就会响起

“我父亲写了不少作品，其他一些作品也曾在全国或一些地区流传过。这首《团结就是力量》之所以在今天依旧有着巨大的影响力，是因为它的歌词、它的旋律充满了正能量，在民族危亡的时候可以鼓舞人民的士气。所以这首歌不但在抗日战争中发挥了巨大的作用；在后来的解放战争中也成了‘反内战、反饥饿、反独裁’的有力武器；在中华人民共和国成立之后，每当人们遇到困难的时候，这首歌总会响起。”

1998年洪水来袭，当时松花江、长江、嫩江纷纷告急，很多领导都上了一线，鼓舞抗洪抢险官兵的士气。“当时长江口举行了一个抗洪晚会，当天晚会的主持人朱军后来告诉我，那天中央来了密电，说如果长江口堵住了，晚会就继续进行；一旦决堤，晚会的所有节目都得停下来，大家齐唱《团结就是力量》为前线的抗洪人员打气。”卢乔回忆说。

“父亲这个人就像他写的这首《团结就是力量》一样，简单质朴，但却是那样的坚强。‘文革’时期我父亲曾被扣上‘三反’分子的帽子，在接受‘改造’的日子里，我们都担心父亲活不下去了。有一次我悄悄地来到父亲的‘改造地’看他，屋子里四壁徒墙，唯独窗台上的一个装打火石的塑料袋吸引了我的注意。袋子上面放了半截土，土里竟然种着一棵小瓦松。我顿时就明白了，父亲的生命就像这棵瓦松一样，不论在多么艰难的岁月里，都是那样的顽强，对生活充满了斗志。他的人生就像这首歌曲一样，时时刻刻地教育着我们，在困境中坚强，在绝望之中寻找希望。”

（本文选自《沈阳日报》）

中国人民站起来的伟大的战歌
——大型音乐舞蹈史诗《东方红》创排过程回顾

文/张　婷

大多数中国人都能哼唱《没有共产党就没有新中国》《南泥湾》《保卫黄河》等革命老歌，这些早在几十年前就风靡全国而传唱至今的歌曲，都是20世纪60年代的大型音乐舞蹈史诗《东方红》中的经典曲目。

而这部具有重大历史意义作品的诞生绝不是偶然的。1964年，国内外敌对势力对中国造成的影响日益减弱，中国国民经济开始复苏。因此，1964年中华人民共和国成立15周年的国庆具有了非同一般的特殊含义。为了庆祝这一特别的日子，《东方红》横空出世。

周恩来是总导演

《东方红》舞蹈编导之一的佟佐尧告诉笔者，当时《东方红》的创作是受了两部大型歌舞的启发，一是朝鲜的《三千里江山》，一是上海的《在毛泽东的旗帜下高歌猛进》。特别是周恩来总理看了《在毛泽东的旗帜下高歌猛进》后，立即决定：以在京的文艺团体为骨干，抽调全国文艺精英，搞一台庆祝中华人民共和国成立15周年的大型晚会——《东方红》，向国庆献礼。为了在不到三个月的时

《东方红》剧照（图片来源：《中国文化报》）

间里完成《东方红》的排演，周总理亲自担负了组织领导工作。

创作伊始，周总理首先召开了《东方红》领导小组和组织指挥工作小组会议。会上明确指示，《东方红》是以艺术的形式，完整地表现中国共产党的光辉历程，歌颂中国共产党，以宣传毛泽东思想为主题的。周总理对创作内容的每一部分都十分谨慎，均以会议的形式和创作组一起反复推敲。

《东方红》舞蹈编导之一的孟兆祥提起周总理，一脸佩服。他说，排练的日子每天都能看见周总理，他不仅说话办事雷厉风行，还不摆大官架子。当时毛泽东的文艺秘书观看完第六场《中国人民站起来》排演后，希望把天安门前的秧歌舞改成京剧舞蹈。周总理尊重她的意见，马上提出修改方案。孟兆祥和中国京剧院的同志们接到任务后，两天之内完成了作品。第三天晚上，周总理就来审查节目了。"当时，穿着演出服的我坐在椅子上已经睡着了，恍惚中感觉到一只大手在不停地轻拍我，并且说'小同志，醒醒啊'。我睁眼一看，吓了一跳，总理正微笑着站在我身边。我一看表已是深夜 3 点多。"孟兆祥回忆道。所有演员立即上台表演，这段仅两分钟的演出连续汇报了两遍。周总理看完后，连连点头，并走上舞台，再三向演员们表示歉意和感谢。随后，又立即召开修改会议。周总理主持会议，开场白没有官话，第一句话就是"请同志们说说有什么困难"，一句话说得大伙儿心里暖暖的，也扫除了心里的顾虑，纷纷畅所欲言。周总理对所有的问题，甚至细致到舞台上地毯的使用，都给出了令人信服的解决方案，整个会议不到三十分钟就结束了。

周总理不仅关心创作本身，还关心全体演职人员的思想工作。为了让大家熟知中国共产党领导中国人民创建中华人民共和国的艰苦历程，他在人民大会堂做了连续几个小时的党史报告。生动的报告让大家明白了革命胜利的艰辛，对今天的生活倍加珍惜，统一了大家的思想，更激发了大家的演出热情。

甚至，外国友人观看了《东方红》，提出如幻灯片的投放、服装等细节问题，周总理都对答如流。因此，所有人都承认周总理是总导演。

不计名利的创作组

1964 年 7 月中旬，《东方红》开始创意筹备，中央从全国调集各路艺术精英进京，创作队伍由近百人组成，包括导演组、文学组、音乐组、舞蹈组、舞美组等，每个参与者无私的奉献精神充盈、贯穿了整个创作过程。

"《东方红》创作成功的模式堪称中华人民共和国文艺界无私合作的楷模。"孟兆祥说。以舞蹈组为例，所有人都亲如一家，在创作上，更是毫无保留地互相帮助。所以，《东方红》的每一个亮点，从不属于某人，都是集思广益的结果。如他在创排“过雪山草地”一幕时，开始总想着怎么表现红军与恶劣的自然环境斗争，组内讨论时，大家都认为立意尚浅。坐在他对面的佟佐尧建议以“护旗”这个动词为核心去编舞。顿时，他茅塞顿开：护旗一举多义，一是红旗代表着对军队的指引方向，二是可表现与自然斗争的场景，三是表现了万众一心的革命意志。最重要的是，那时中国革命处于低潮，党内有人怀疑红旗能打多久。护旗的舞段表现的是，在最艰难的时刻，红旗也永不倒。演出效果极好。

音乐组的团结一心，至今回想起来，令人感动。孟兆祥说，当时，音乐组的成员皆为远近闻名的作曲家，如时乐蒙、李焕之、李劫夫等，这些老将都不计名利地抱成一团共同创作。如第二场的《井冈山》、第三场的《长征》和第五场的《人民解放军占领南京》，可谓是贯穿《东方红》的三大主干歌曲。演出问世后，这三首合唱歌曲迅速风行全国，而这些歌曲的创作方式是现在的作曲家们难以做到的。对于一个主题，作曲家们先分头创作，然后把各自的作品上交组织，组织把这些作品集中编号，不记名，然后开会讨论。会议一般由组长时乐蒙主持，由声乐演员逐一视唱作品，但不公布作者。唱毕，组里所有成员对这些作品进行评估。由于是不记名的，所以大家的评审是公平、公正的，有的说二号作品的头两句节奏好，五号作品中间旋律动听……会后，时乐蒙把所有的意见归纳，最终把大家都称赞的乐句串联成一首歌，《东方红》中许多动听的歌曲就是这么创作出来的。这也是《东方红》的创作能够高速、高效的根本原因。

真情实意的演员

《东方红》里演员的阵容更是强大，除驻京的各个中直文艺团体及总政、空政、海政、北京军区、铁道兵、工程兵等歌舞团参加之外，中央军委又将沈阳、南京、广州、济南军区等歌舞团的演员迅速调集到北京。1964 年 8 月 12 日，三千多人的庞大演出队伍开始集中排练。

以一曲《赞歌》红遍大江南北的歌唱家胡松华谈起《东方红》，十分自豪：“四十七年前，我领受了中共中央总指挥部传达周总理的指示——为增强中华人民共和国诞生的喜庆气氛，在《伟大的节日》（《赞歌》后来编排在《中国人民站起来》一场）一场里增加一首运用蒙古族音乐风格的男高音独唱曲目。那时，正逢我去内蒙古大草原深入生活返回北京不久，很有创作激情。我连夜写出了《赞歌》，两三天后迎接了周恩来总理、陈毅元帅的审查，他们高兴地一遍通过。”“现在出去散步，我经常能碰见当年《东方红》里的‘红领巾’，我虽然不认识他们，但聊起《东方红》，就有说不完的话。他们向我描述毛泽东主席等中央领导人在台下看演出的表情，谈他们还是孩子时参加演出的感受……真是段美好的日子。”

舞蹈家刀美兰回忆起《东方红》时，语气里还带着少女的甜美与羞涩：“在《东方红》里担任花环舞的领舞时，我才十九岁，是东方歌舞团里年纪最小的演员。舞蹈家赵青、崔美善等都是我的姐姐。作为傣族人民的代表登上首都人民大会堂的舞台，为毛主席等党和国家领导人、为全国人民跳舞，真是无比的荣耀和幸福，所以每一场排练我都很激动。”

“那时演出条件很艰苦，没有现在这么多种类的高级化妆品，演员所需的化妆品就是三大罐——粉色（粉底）、红色（胭脂）、黑色（眉及眼影）。化妆时，所有人用手抠出一块来涂抹。所以，还不擅长化妆的我经常画得红一块、黑一块的，被大伙儿笑。抹头发的头油也不是很好用，由于自己的头发太顺滑，很难盘起来。为了固定发型，我就想出用粘信封的胶水抹到头发上的点子。大伙儿又都笑我。为了演出，我们什么困难都能克服。”说到这些，刀美兰笑得很“得意”。

三千多人的演出队伍，无论何时都井然有序，表演时，道具、动作不会有一丝差错。候场时，全体演员一队队整齐地排列着，像一支正规的军队。为了鼓舞大家的意志，排练完，负责人还会组织演出队互相学习观摩，对表现突出的团队和个人，以快板等形式在全队面前予以表扬。就这样，在那个物质条件艰苦的年代，全体演职人员在无报酬的情况下，齐心协力，用真情实感奉献出了一台融现实主义与浪漫主义为一体的大型音乐舞蹈史诗。

1964 年 10 月 2 日晚，《东方红》第一次公演。舞台版的《东方红》共分八场：《东方的曙光》《星火燎原》《万水千山》《抗日的烽火》《埋葬蒋家王朝》《中国人民站起来》《祖国在前进》《世界在前进》。社会各界及国外贵宾共一万多人观看了演出，全场情绪高昂，掌声久久不息。

“《东方红》是中国人民站起来的伟大的战歌。”舞蹈编导之一的邢德辉如是说，“在建党 90 周年的日子里，我们再次回顾《东方红》创排过程，是为了回顾和总结历史中那些正确的思想，为了继承和发扬革命精神，争取更大的光荣。”

（本文发表于 2011 年 6 月 9 日，选自《中国文化报》）

白毛女的故事

文／黄仁柯

鲁艺——鲁迅艺术学院是中国共产党创办的一所综合性艺术学院。1938年春创建，1938年4月10日举行成立典礼，设有文学、戏剧、音乐、美术四个系。抗日战争时期，奔向鲁艺成为中国优秀青年最“时尚”的一种选择，成为一种滚滚向前的文化潮流。这里培养了诸如艾青、丁玲、贺绿汀、贺敬之、王昆、于蓝、孙铮等一大批优秀文艺工作者。由“鲁艺人”创作的歌剧《白毛女》可以称作解放区的文艺标志物，它唱红了延安、陕北、解放区甚至全中国。

延安整风后期，或者说，终止“抢救运动”那段时期，中共领袖们——尤其是作为第一号人物的毛泽东——所做的那些坦诚的自我批评，在中国文化人中产生了不可估量的影响。毛泽东同志的讲话使延安文化人又一次获得了精神的解放，解放区文艺的春天不可避免地到来了！

整风运动、大生产运动改变了鲁艺文化人“四体不勤”“五谷不分”的窘态，让他们触摸到了劳动者情感中最本质的那些东西；整风运动、大生产运动也使得鲁艺文化人明确了文学艺术的“两为”方向，摆脱了“抢救运动”强加于人的精神枷锁。作为文化生产力最重要标志的艺术想象力被彻底激活了，中国解放区文化出现了一个崭新的飞跃。

作为解放区文艺标志物的，是歌剧《白毛女》的创作与演出。

《白毛女》的创作、演出很有一点传奇色彩

1944年4月，西北战地服务团（简称“西战团”）由周巍峙同志带队，奉调回到延安。西战团成立于1937年7月，成立后不久即由丁玲率领开赴抗日前线。之后一直坚持在华北。

西战团回延安的任务是学习总结，差不多有点整风补课的味道。不过这时候“抢救运动”已经得到有效的制止，因此，在返回延安的途中，西战团团员们想得最多的是怎样把那出反映敌后人民生活与斗争的话剧《把眼光放远一点》搞得更好一些。凌子风、陈强、岳慎、郎中敏、李百万、郝汝惠等都参加了演出，他们得让延安的朋友看看：晋察冀的高粱米，也是很养人的呢！

1944年5月27日，鲁艺召开的欢迎会上，西战团演出的《把眼光放远一点》和其他一些节目，得到了观众的一致好评。作为鲁艺的院长，周扬在演出结束后很自然地会见了西战团的编剧邵子南，很自然地问了一句：“最近在忙点啥？”

周扬身为解放区最有权威的文艺机构鲁艺的院长，这种问话自然也就有点例行公事的味道。因此，当邵子南告诉他“搞了一个戏曲剧本，想请周扬同志指教”时，他也就很随意地说了一声：“好呀，拿来看看呀！”

其实，周扬已经不是第一次听到白毛仙姑的故事了。1944年5月，《晋察冀日报》记者李满天在给周扬的信中，就已经谈到了这个故事。故事情节很简单，说在一个山洞里，住着一个浑身长满白毛的仙姑。仙姑法力无边，能惩恶扬善，扶正祛邪，主宰人间的一切祸福。至于这仙姑到底身居何方则说法不一，山西人说在河北，河北人说在山西，反正就在晋察冀的一个洞里。

可以说，民间流传的有关白毛仙姑的版本，还没有超出侠义话本的范畴，而且传说中还有不少封建迷信的成分。但是，周扬却从李满天描述的民间故事中，从邵子南还没有定稿的戏曲剧本中，看到了一种新的东西。尽管他还一下子说不准确这新的东西到底是什么，但艺术家的直觉却告诉他，这种新的东西肯定值得探求。

周扬立即决定由鲁艺创作并演出一部大型舞台剧，就以“白毛仙姑”为题材。当时，苏联红军已经向法西斯德国反攻，第二次世界大战胜利的曙光已经在地平线上升起；党的七大也正在紧锣密鼓地筹备。因此，虽然周扬没有提出“向七大献礼”之类的话题，但他心里明白：搞这个大戏的目的，就是要向七大献礼！

创作班子很快搭了起来。当时鲁艺有戏剧、音乐、美术、文学四个系，由于新秧歌运动，戏剧、音乐两系经常联手，所以周扬便决定《白毛仙姑》由戏剧系主任张庚总负责，编剧为邵子南，导演为王滨、王大化、舒强，至于作曲则几乎会集了音乐系所有的精兵强将：马可、张鲁、瞿维、向隅、李焕之。

邵子南在他原先的戏曲剧本的基础上，很快就写出了剧本的演出本，主题当然已经不是民间传说中的行侠仗义，而是反映阶级剥削给劳动人民造成的沉重灾难。

曲作者们按照剧本赋予的戏曲形式，以秦腔为基调为剧本配了曲。试排了几场之后，周扬很不满意。他认为无论从立意，还是从艺术形式，还是从表演格调，

《白毛仙姑》都没有走出旧剧的窠臼，也就是说，没有新意。为此，他明确地提出：鲁艺要在党的七大召开之前，创作演出一部大型的新歌剧《白毛女》；要赋予新歌剧以新的主题，体现劳动人民的反抗意识，以鼓舞人民的斗志，去争取抗战的最后胜利。

张庚根据周扬的意见，果断地调整了创作班子。编剧换成了从文学系调来的贺敬之、丁毅，其他人马一律不动。

接受《白毛女》的创作任务后，贺敬之很快就以诗人的情怀和戏剧家的表述，完成了新的剧本（丁毅创作了最后一场）。新剧本确立了“旧社会把人变成鬼、新社会把鬼变成人”这样一个新的主题，而这恰恰正是创作之初周扬看到但是没有明确说出来的那个“新的东西”。

《白毛女》的主要编剧贺敬之（图片来源：《光明日报》）

周扬热情地肯定了贺敬之、丁毅创作的《白毛女》新剧本。接下来的难题就是作曲了。

《白毛女》的定位是歌剧。对于歌剧艺术来说，最能表现它本色的是音乐。可是，《白毛女》的五位曲作者，对“歌剧”却完全是陌生的。他们谁也没有看过《茶花女》《蝴蝶夫人》这样的歌剧经典。在五位作曲者中，只有在鲁艺音乐系任教的李焕之、向隅、瞿维三人对西洋歌剧略有所知，而且还完全是书本上的那点皮毛。

然而，五个年轻人却凭着一股“初生牛犊不怕虎”的勇气，义无反顾地投入了创作。

钉子没少碰。一个多月下来，五个人写了一大堆曲子。试唱的结果却是没有一首能够采用，百分之百的废品。这个比例对于作曲家，应该是够沉重的了。他们深感歌剧知识的缺乏严重地禁锢了自己的想象力。

最急的当然是作为总负责的张庚。张庚知道马可、李焕之、向隅、瞿维、张鲁是边区一流的音乐人才，他们的音乐才华不容置疑。他们一时的失败只是陷入了一个误区而已。那么，这个误区又到底在哪里呢?

张庚绞尽了脑汁。一段思索之后，他终于悟出了其中的关键：《白毛女》创作开始以来，反复强调了这是一部歌剧，而没有强调这是一部写给中国老百姓看的民

族歌剧。几个从来没有搞过洋歌剧的作曲家拼命往洋歌剧身上靠，哪有不碰钉子的道理？

张庚立即把五个年轻人召集起来，要求作曲家们别的都别考虑了，集中精力先把开场曲《北风吹》谱出来。并且他明确告诉作曲家:《白毛女》是演给中国老百姓看的,《北风吹》一开口就应该抓住中国老百姓的心。

“别的你们啥也不用想，你们就想着要中国老百姓爱听爱唱爱看！”

张庚一席话说得五个年轻人茅塞顿开。苦熬三天三夜之后，他们又写出了二十几首《北风吹》，但是一试唱，又让张庚否了。

这回张庚是真急了。“七大”就要召开了，连个开场曲都还定不下来！心一急，脸上的颜色就不大好看，他说：明天一定要把《北风吹》写出来，演员还等着排戏呢！

五个年轻人怏怏而归。怏怏而归的年轻人中，马可、向隅、瞿维、李焕之是教员，有自己的窑洞。张鲁是学生，与同学们住一个大窑洞。窑洞中挤着十几个人，呼噜打得人心烦。他不想回到这个嘈杂的环境，于是朝着窑洞侧畔一条宁静的小河走去。

20 世纪末采访过张鲁老人的刘静，在一篇文章中曾经绘声绘色地记述了张鲁这夜的心情：

……河水静静地流淌着，辽远的天幕上密密地镶缀着无数颗小星星，一片片浮云使一弯新月时隐时现，一股股野花的幽香沁人心脾。张鲁深深地吸了几口带着湿润和芳香的空气，顿觉心旷神怡，连夜作战的疲劳似乎消失了大半。他顾不得欣赏夜色，又全身心地投入对《北风吹》的构思。他想起两年前曾听从丁玲同志的劝告到民众剧社向老艺人李卜学习“眉户调”的情景，又想起给冼星海同志当秘书时，星海教他作曲的情景，他不由自主地一首接一首地哼起了“眉户调”和星海作的曲子，唱着唱着，突然一股灵感和激情在胸中涌荡，他似乎觉得《北风吹》就在不远的某个地方，他和它之间就隔着薄薄的一层窗户纸，只需轻轻一捅就会豁然开朗！

他急于寻找一个安静的、可以放下一张纸的地方，让他把刚刚寻找到的一丝灵感变成实实在在的音符。他忽然想起同班同学孟于有一间房子（孟于是我国著名女高音歌唱家）。他急切地向孟于的家走去，全然没有想到天不亮就去敲开一个女同志的房门会不会有什么不方便，他只想赶紧把《北风吹》写出来。

孟于在睡梦中被敲醒自然十分吃惊，但一听张鲁说明来意，二话不说就收拾桌子摆开了纸笔。

张鲁就在这张摇摇欲坠的桌子上陷入了沉思。他顺着刚才的思路前进。他想起了张庚一再强调的:《北风吹》一定要让观众一听就喜欢，关注人物的命运。按照剧本的描述，喜儿出场时是个十七岁的农家少女，自幼丧母，与父亲相依为命，多像河北民歌里的“小白菜”呀！想到这里，他心里猛地一动，又想起了贺敬之曾提醒过大家：喜儿的唱段可以用民歌“小白菜”作基调。顺着这个思路，在经过了一遍又一遍的自我否定之后，他终于揣摩到了喜儿在等待爹爹回家时那种又急又喜的感觉，一串串音符像一股山泉般在他的手上奔涌而出，不到三分钟的时间，他就写完了整首《北风吹》。

……

张鲁拿着《北风吹》走进张庚办公室时，他的四位老师已经在那里试唱，显然，老师们也熬了整整一夜。但是，张庚和作为导演的舒强听了试唱之后，仍然不满意。张鲁的心跳得更快了，他不知道自己的作品会是一个什么样的命运。

他唱了一遍。张庚没表态，只是说，再唱一遍。第二遍唱过，张庚仍然没有表态，过了一会儿才冲舒强说：我看先用张鲁的这首吧，以后有更好的再换！张鲁你去叫西战团那个小王，让她唱唱看！

小王就是王昆。当王昆把《北风吹》演唱一遍之后，张庚拍案而起，好，就是她（它）了！

现在得说说王昆了。

在20世纪末最后几年与笔者几近百次的交谈中，孙铮老人口中出现频率最高的，除了莫朴，大概就是王昆了。

孙铮对王昆的评价是：侠肝义胆，一身正气，对同志、对朋友一片真情，不掺一点水；孙铮对王昆的又一评价是：她是中国现代文化史上一个杰出的艺术家。

应该说，孙铮对王昆的评价是公允的。王昆所塑造的“白毛女”等艺术形象，肯定会在中国艺术史上留下光彩的一页。不过，1925年，当这个杰出艺术家出生的时候，却连一根头发也没有，像个“肉疙瘩”。这尊容让她的父亲王德寿沮丧无比。河北唐县人的风俗是生了孩子要给外婆家送一包“芝麻盐”。生了这么一个“肉疙瘩”，王德寿连送“芝麻盐”的勇气也提不起来了。无奈之下，王昆的祖父只好把这项任务交给王昆的三叔，也就是后来的中共中央纪律检查委员会书记王鹤寿了。

所幸的是“肉疙瘩”不到五岁就出落得“眉是眉眼是眼的”。她天性聪敏，从小就喜欢唱歌、喜欢看戏、喜欢演戏，外婆、婶子们总喜欢笑呵呵地逗她：总有一天要把你卖给唱戏的！

乡里女人的笑骂当然属于插科打诨，本来就不以为凭的。谁也不曾想到，抗日战争全面爆发后，唐县妇女抗日救国会筹委会选举，十三岁的王昆由于用唱歌的形式动员了三四个小伙子参加了八路军，竟然一举当选为筹委会的宣传部部长兼总务部部长；尤其使人不敢预料的是，西北战地服务团副主任、音乐家周巍峙在唐县下带子村一个群众大会上听了王昆的演唱后，竟然立即决定“把这个小同志吸收到西战团来”。

1938 年 11 月西战团再度开赴前线时，作为创始人的丁玲留在延安，率队前往晋察冀的任务就落在副主任周巍峙身上。周巍峙 1916 年生于江苏东台，十一岁随父母迁居上海。他 1935 年投身救亡音乐运动，到抗战爆发，已经是一个很有点名气的音乐家了。他谱写的《上刺刀》等，曾作为山西新军“决死队”的军歌，流传一时。他又是个少年老成的人，处事小心谨慎。他果断地决定把十四岁的小丫头王昆吸收进西战团，按照他自己的说法是:“这小姑娘清风一样的歌声把我感动了。”诗人田间当时兼管记写“西战团大事记”，这天，他用诗性的语言写了这么几行字：

1939 年 4 月 14 日，河北唐县通天河畔管家佐，王昆来团工作。这天王昆刚满十四岁，从此开始了她多彩的艺术人生。西战团奉调回延安时，王昆已经是个拥有两年党龄的共产党员了。那时她已与周巍峙结婚，一到延安，就享受到一同住小窑洞的“待遇”。西战团撤销后，王昆也就成了鲁艺工作团一个年轻的团员。

这年王昆十九岁，瘦骨伶仃，两个丫丫辫，地地道道的农村女娃子。当时，延安的秧歌扭得正火，延安的民歌也唱得正火。王昆很快就被西北高原高亢的民间歌唱吸引住了。她跟着民间艺人唱秦腔、唱眉户、唱信天游，感到一种难以言说的兴奋。于是，桥儿沟的山坡坡上、莜麦地里、小河滩头便不时地响起了她银铃一般的歌声。

王昆唱得好开心。可是后来她忽然发觉，在她唱歌时总有个男人在不远不近地傻站着盯她的梢。王昆刚从战场上下来，当然也不怕别人动什么坏脑筋。但天不亮就让一个男人老盯着总也不那么舒服。

她没料到这傻盯着她的男人就是张鲁，更没有料到在盯了几天梢之后，张鲁竟走进了她的家门。

张鲁告诉她:《白毛女》第一稿拉出来后，扮演喜儿的是当时延安的名演员林白。但林白这回病了，剧组正在为找不到合适的人选而着急呢。张鲁又告诉她：他听她唱了几天的歌，觉得她的音律宽、准，但是前几天都是零零星星，希望她正儿八经地唱几段听听。

王昆乐了，原来是这么回事。她并不在乎演不演喜儿，一个同志愿意听她唱歌，就已经很使她高兴了。

她唱了一大串，张鲁也唱了一大串，信天游、眉户、梆子、秦腔。张鲁本来就有个好嗓子，《黄河大合唱》“河边对口唱”中，他唱那个张老三，很得冼星海的赏识。这会儿又加上王昆的民歌风，窑洞里顿时热闹了起来。

《北风吹》被张庚认可之后，张鲁立即找到了王昆，而等王昆一曲歌罢，眉头皱了一个多月的张庚终于喊出了他那句“就是她（它）了！”虽然人们一时还吃不准张庚所谓的她（它）是指王昆还是指曲谱，但人们心里明白，战士已经通过了雷区，冲锋的时刻就要到了！

歌剧是一门综合艺术。如果剧本是一剧之本，是内核；音乐是血脉，是潜质；那么，导演、表演就是灵魂了。因为归根结底，剧本的内核、音乐的血脉要通过演员的表演、演员的气质将之形象地外化，观众是通过演员的表演来认识剧本，而不是通过阅读剧本来认识剧本的。戏剧（包括歌剧）界所谓的“二度创作”，对于戏剧来说，是一种重要的创作。

总之，周扬、张庚们在调兵遣将组织《白毛女》创作班子时，一点也不敢放松对于导演、演员、舞美、服装、化妆等成员的选拔。在《白毛女》创作组中，几乎包含了延安文艺界大部分精英。1998 年 4 月 23 日，年近八旬的孙铮老人在同我谈起这个创作班子时，依然眉飞色舞，十分动情。她说：

《白毛女》的创作班子，是当时鲁艺最强的班子了。导演王滨、王大化、舒强。王滨在延安导过《带枪的人》《蠢货》；王大化既导又演，《兄妹开荒》《拥军花鼓》都是他挑大梁；舒强是音乐家舒模的弟弟，对斯坦尼夫体系的研究很有见地。《白毛女》第一稿时，由林白演喜儿。到第二稿时。林白怀孕了，妊娠反应非常厉害，根本没法排戏。鲁艺音乐系老师唐若王文音色很好，很抒情，但她唱洋嗓子，张庚要求乡土味，她少了一点。后来选中了王昆。凌子风多才多艺，既会导，又会演，又会画，很能折腾，我们叫他“凌疯子”。由他演杨白劳。陈强当时还没有结婚，挺潇洒的，由他演黄世仁。邱力演大婶。韩冰演张二婶。李百万演大春。开始决定由我演黄母，可演到后来我也怀孕了。我不想进妈妈队，想把孩子打掉。莫朴没同意，我心里很不乐意。后来张庚知道了，说：你去搞服装！于是就由李波接着我演黄母。李波是山西人，原来是个工人。她同王大化演《兄妹开荒》，很投入，是个演戏的材料。剧组不仅作曲家是一流的，乐队也是当时延安第一流的专家。向隅抗战前就是上海音专的教授，中华人民共和国成立后担任总政歌舞团团长。时乐蒙拉

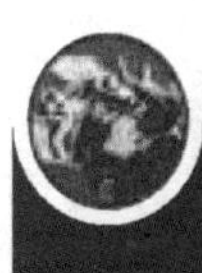

小提琴，李元庆拉大提琴。李元庆是钱学森的表弟，是周恩来专门请他和夫人李肖一块到延安的。他到延安后，凡有欢迎外宾的演出，节目中都有李元庆的大提琴独奏。剧组的舞美设计是鲁艺戏剧系的老师钟敬之。干木工活的是何文今，中华人民共和国成立后还担任了科教电影厂的厂长……

人才荟萃，群贤毕至，歌剧《白毛女》进入了最后的冲刺阶段。1945 年 4 月 28 日，也就是党的七大召开的前一天，《白毛女》在延安中央党校礼堂举行了首场演出。来自全国的 527 名正式代表、908 名列席代表，以及延安各机关的首长，几乎倾巢而出，观看首场演出。毛泽东来晚了些，他不声不响地进入自己的座位。朱德来了，刘少奇来了，周恩来来了，陈毅来了，叶剑英来了……

看着台下那么多熟悉的面庞，演员们都不由得有点紧张，尤其是王昆，十九岁的女孩到底还是第一次看到那么大的场面。然而，当《北风吹》的旋律奏响之后，她立即沉浸到悲惨的故事之中，凄婉的歌声像甘洌的山泉一样，婉转地流淌出来。

几乎所有的观众都沉浸在白毛女感人情怀的悲剧中，当黄世仁在白虎堂向喜儿施暴时，首长席后面的几个女同志失声痛哭。李富春转身劝解说："同志们哪，你们这是干什么？这是演戏啊！" 可等到说完，他的声音中也已经充满了悲怆。

人们进入了忘我的境界。在帷幕徐徐合拢的那一刻，那些运筹帷幄、叱咤风云的领袖们，那些金戈铁马的将军们，也终于按捺不住流下了晶莹的泪水。

雷动的掌声展示着演出的成功。当时延安还没有演完戏首长上台接见演职员的习惯，一般都是全剧终了时，观众鼓完掌就走人。

这天却破了例。演出结束后，周恩来、邓颖超、罗瑞卿、刘澜涛……一齐走进后台，向剧组表示祝贺。当周恩来得知整个剧组只有王昆一个人因唱段太多才能享受吃两个生鸡蛋的待遇时，立即感慨万千地"许愿"："同志们哪，你们真是太辛苦了！真是对不住你们啊！将来我们有条件了，一定改善大家的生活！"

首次演出获得了极大的成功。第二天一早，中央办公厅就派专人来向鲁艺传达中央领导同志的观感。第一，主题好，是一个好戏，而且非常合时宜。第二，艺术上成功，情节真实，音乐有民族风格。第三，黄世仁罪大恶极应该枪毙。中央办公厅的同志还就第三点意见做了专门的解释："中国革命的首要问题是农民问题，也就是反抗地主阶级剥削的问题。这个戏已经很好地反映了这个问题。抗战胜利后民族矛盾将退为次要矛盾，阶级矛盾必然尖锐起来上升为主要矛盾。黄世仁如此作恶多端还不枪毙了他，说明作者还不敢发动群众。同志们，我们这样做，是会犯右倾机会主义错误的呀！”中央办公厅当时没有明确这是哪位领导同志的意见，直到很久之后演员们才知道，这实际上是刘少奇的观点。

在以后的演出中，黄世仁、穆仁智就被当场“枪毙”了，观众于是人心大快。人心大快的观众于是刮起了一股《白毛女》旋风，延安唱红了，陕北唱红了，解放区唱红了，全中国唱红了！一部戏能那样深入、那样普及、那样脍炙人口，对历史发展产生那样大的影响，在中国现代戏剧史上，《白毛女》肯定是当之无愧地首屈一指。

（本文选自《中华读书报》）

红歌溯源：水乡柳堡，寻访那片“九九艳阳天”

文／柳　扬

电影《柳堡的故事》剧照（图片来源：中国广播网）

它仿佛初春时河面上泛绿的垂柳，它好似仲夏里木筏上涤荡的船桨，它在战争的硝烟未散尽的灰白年代，如同一阵微风轻抚过许多年轻人的心湖，散开层层水纹……直到现在，生于二十世纪五六十年代的人们听到这首《九九艳阳天》，依然可以想见那红色岁月中含蓄爱情的曼妙与美好。

笔者来到歌曲《九九艳阳天》的诞生地——江苏省宝应县柳堡镇，一路听着这朗朗上口的歌词和清新悠扬的曲调，就想看一看歌词中描述的蚕豆花儿和风车是否依旧在，瞧一瞧十八岁的哥哥和小英莲今昔又在哪里。

饭桌上第一次唱响“九九艳阳天”

《柳堡的故事》电影拍摄时，编剧黄宗江觉得剧中应该有一段插曲，而且一定要是民歌体的，于是就把想法告诉同一个厂的年轻作曲家高如星。出生在晋西北革命老区兴县、当过放牛娃的高如星，从小就颇有音乐天赋，拿到剧本后便开始认真阅读。“九九那个艳阳天，十八岁的哥哥细听我小英莲……”剧本里这段清新的文字，让高如星回味无穷。苏北农村的垂柳下、河湾里，是如同春天抒情诗般的阳光而又灿烂。几天后，高如星在跟大家一起吃午饭的时候小声哼唱起自己的创作，这一听，导演王苹激动得忘了吃饭，直称“跟自己想象的一模一样”。曲子旋律俏丽、流畅、情趣盎然，成功地叙述了小哥哥和英莲这一对未婚青年忠贞的爱情故事。

电影播出后刘坝正式改名为“柳堡”

从南京出发到扬州宝应有三个小时的车程，柳堡镇离宝应县城还有三十公里左右的路途。这里是典型的苏北水乡风情。天气晴好，万里无云，一路上几乎所有的道路都至少有一边是沿河的，河岸上高大的绿色杨树下是密密的油菜花。正值枯水期，水位较低，但来往穿梭运货的木船并不少，拨弄得河水荡漾，是别样的温柔模样。

笔者此行的第一站是电影的拍摄地柳堡村，穿过阡陌的河道、密布的路，远远看到一片绿油油的麦田中架起的风车和木桥。看过《柳堡的故事》的人可能都会记得电影中那动人的一幕，男女主人公羞涩地面对面时，风车和木桥恰好出现在远方的背景中。

“几十年变化大，现在的木桥和风车是为重现当年电影中的情景而建的。”柳堡镇委陈委员向笔者介绍说，这么些年过去，柳堡的村民出去打工，说宝应别人不知道，但提起《柳堡的故事》，所有人都会觉得熟悉。

笔者了解到，柳堡原叫留宝，传说是从前有状元南下赴任，行至此地突遇风雨，便在岸边插下宝剑系船而得名，后人们也称之为“刘坝”。军旅作家胡石言在创作小说《柳堡的故事》时，嫌刘坝这个名字不够美，于是取同音的“柳”字，显得多情，“堡”字，更有兵味。电影播出后不久，这里就改名为“柳堡”了。

不过跟许多因电影而出名的地方不同，柳堡至今民风淳朴，当地人跟外乡人说起话，脸上依然有罕见的羞涩，笔者在村里请一些村民哼唱《九九艳阳天》时，姑娘们多是不好意思地笑起来。据了解，此地的女孩特别倾向于嫁给军人，而这个传统早已有之。

“二妹子”的原型正是柳堡姑娘

“1943 年冬，我们新四军一师三旅七团在宝应开展抗日游击战。当时，十八岁

的副班长徐金成向我汇报：‘首长，我很想开小差。’‘为什么？’我十分诧异。他说：‘我爱上了房东家那个长辫子的姑娘，我不想跟部队走了，想留下当民兵。’我说：‘军人不能和老百姓谈恋爱，你们约定没有？’没有，我怕哪天吃颗花生米，牺牲了，害她白等。'两年后，这位侠骨柔肠的小战士在丁蜀山战役中牺牲了。1949年南下时，他的战友特意绕道刘坝告诉老房东，姑娘这才出嫁。”如今已过世的胡石言曾经透露过，这个故事让他久久不能平静，于是有了用文艺作品重现的想法。

据说胡石言后来曾托人到过柳堡打听那位长辫子的姑娘，可惜因掌握情况太少，一直未能找到确凿的人。但事实上，在后来对“二妹子”小英莲的塑造中，参照了柳堡当地一位姑娘的经历。

听闻如今柳堡镇的红色旅游地——二妹子模范民兵活动中心有关于这位姑娘的记载，笔者于是前往活动中心。这是一栋两层的小楼，一楼的天井里放置着复制了当年电影中道具的白风车和茅草屋，青铜壁画上展现的是群众拥军的场景。在这里，笔者了解到，“二妹子”的原型名叫夏美英。

这位出生在贫苦农家的姑娘，兄妹七人，她姐妹排行老二，被称为“二妹子”。抗战时期，二妹子的家人先后加入了中国共产党，1941年底，新四军来到柳堡后，她和庄上的姐妹们一起站岗、放哨，为新四军纳军鞋，护理伤病员，后经历万难，加入了新四军的队伍。“当时在我们柳堡方圆百里，都知道这个姑娘的大名。”活动中心的工作人员介绍，夏美英老人目前还在世，但已经离开柳堡去了南方。

事实上，之所以会出现“二妹子”的形象并非偶然，笔者了解到，柳堡原本就是片具有革命传统的红色热土。早在五四运动时，这里就举行过罢市；五卅惨案发生后，更是掀起过较大规模的群众性反帝爱国运动。1927年底，柳堡最早燃起了宝应革命的火种，作为革命活动最活跃的地区，出现了夏凤山、郑洪、雍万琴等最早期的共产党员。

“二妹子”扮演者陶玉玲经常重返柳堡

有了主角的原型，胡石言很快将小说创作出来，1950年发表在南京的《文艺月刊》上。但跟最初的故事不同，情节中更多了几分亮色：战士李进几年后从战场归来，途经柳堡，寻找到当年那位姑娘，姑娘也加入了游击队，于是这对红色恋人终成眷属。

小说发表后，被南京军管会文艺处长赖少其、剧作家沈西蒙以及作家黄宗江看到了，大家都觉得这是拍电影的好剧本。当时的中国影片里无不弥漫着战火硝烟，《柳堡的故事》这样一个颇具文艺气息的小说，若是能拍成电影，在残酷的战争中真诚讴歌男女之间的生死爱情，定会给充满了政治和阶级斗争的沉闷年代送来一股清新。

胡石言和黄宗江承接下了电影剧本的改编工作，完成后不久，八一电影制片厂决定投入拍摄，由中华人民共和国第一位女导演王苹执导，主角二妹子则确定为时年二十二岁的前线话剧团演员陶玉玲。

笔者电话连线了现居住在北京的陶玉玲。今年七十七岁的陶老口齿伶俐，回忆起 1957 年第一次去柳堡拍摄影片时，在她的印象中那“是一段漫长的行程，先从北京坐火车到南京，然后坐汽车到盐城，接着要从盐城坐纤夫拉着的船到柳堡，差不多要三天时间”。

在柳堡当地，随处可见二妹子当年露面时的镜头。“风景很漂亮，柳树、小河、一条小船……”陶玉玲回忆说，“我跟我爹就这样划着船出来了，慢慢地上岸……听到有人在唱歌，一看是这么多解放军，就很不好意思地从这些部队的中间这么低着头走过去了……”于是在大屏幕上，我们看到了二妹子作为少女的腼腆与柔情。

由于在柳堡的戏份儿很多，此后的几个月，陶玉玲一直待在当地，住在农民家里，经常同老乡们一起收割麦子、划船，体验生活的同时也跟当地百姓结下了深厚情谊。此后她也常重返柳堡，回忆当年电影拍摄时的那些日子。

半个世纪后，柳堡又有新故事

今天的柳堡依然处处留有歌曲的影子，一座名叫“艳阳天”的大桥，一条名叫“艳阳天”的主干道，小街上取名叫“二妹子”的小饭馆，店堂里大声播放着的《九九艳阳天》。

宝应县委宣传部的张科长向笔者介绍，柳堡并没有因为电影和歌曲带来的名声而大力发展旅游业。这一方面跟县城的定位有关，另一方面也受到一些外部条件的制约，比如离高速公路出口尚有一段距离，交通不是特别便捷等等。

不过笔者看到，路边随处可见遍野的油菜花，被夕阳浸染得金黄的麦田，一座座古石桥下藏匿的木船，哼着小曲儿扛着锄头晚归的村民，以及偶尔飘响在耳边“九九艳阳天”的歌声，依旧延续着水乡美丽的原生态景致。

拥军的传统也在当地一直流传下来，二十五岁的陈金萍是“二妹子班”现任的班长，一米七的身高穿上军装英姿飒爽，两颊升起的酒窝则显出几分可爱，跟电影里“二妹子”相比更多了几分率真和爽朗。她告诉笔者，时至今日，参军入伍或者是找个军人丈夫，对柳堡的姑娘来说，依然是值得骄傲的事。

时隔半个世纪，陶玉玲自己也没有想到，柳堡上演了新的故事。2010 年年中，

反映现代女民兵题材的励志电影《新柳堡的故事》在宝应县正式开机拍摄。其中，曾饰演《柳堡的故事》中的“二妹子”、被广大观众熟悉并喜爱的著名表演艺术家陶玉玲再次出演。不过，她将在剧中继续扮演已成为田奶奶的二妹子，在剧中她说服孙女李英放弃车模职业，加入了二妹子民兵班，最终田奶奶和老一辈女民兵将李英等新时代的年轻女孩子培养成了合格的女民兵。

（本文选自《扬子晚报》）

贺敬之十九岁写《南泥湾》“烂泥湾”三年变成“米粮川”

文 / 谷岳飞

如果要评选印象中最美的地方，估计很多人都会把票投给南泥湾。因为那首著名的红歌《南泥湾》，南泥湾在不少人心中是一番天堂般的景象，那是一个“到处是庄稼，遍地是牛羊，鲜花开满山”的好地方。歌曲《南泥湾》写于 1943 年，六十多年过去了，如今的南泥湾又是怎样一副模样？

写《南泥湾》时贺敬之才十九岁

1943 年，十九岁的贺敬之被三五九旅广大官兵开展大生产运动的热情所感动，一口气便写出这首《南泥湾》的歌词：“花篮的花儿香，听我来唱一唱……”二十五岁的作曲家马可立即为其谱曲。全曲可分为对比性的两个部分：前半部分曲调柔美委婉，后半部分欢快跳跃，最后采用五度上行的甩腔手法结束全曲。

抗日战争期间，八路军三五九旅在南泥湾开荒生产（图片来源：新华网）

1943 年 2 月 5 日，农历正月初一，是中国人民传统的节日——春节。这

天，延安鲁迅艺术学校的秧歌队来到南泥湾，向三五九旅的英雄们献上新编的秧歌舞《挑花篮》,《南泥湾》是这个秧歌舞中的一段。

中华人民共和国成立后,《南泥湾》经歌唱家郭兰英演唱，成为脍炙人口的名曲。1964 年，这首歌曲被编入音乐舞蹈史诗《东方红》。

当年的南泥湾，到处呀是荒山

1941 年前，“南泥湾啊烂泥湾，荒山臭水黑泥潭”。

南泥湾位于延安以南，两者相距大约四十五公里，和中国西部地区常见的场景一样，延安到南泥湾正在修建一条高速路，客运班车不得不在尘土飞扬中穿行，原本一个小时就能到达的路程，要在路上颠簸更长的时间。

经延安到南泥湾，中间要翻越几座大山。因为有此前一望无际黄土高坡的铺垫，翻过这几座山后，旅客有猛然间跌入异域的感觉，映入大家眼帘的是满眼的翠绿。外人可以很容易想象这种落差，人一旦在黄土高原上行走久了，便会以为这个世界都是黄色的、有沙土质感的，然而南泥湾却是黄土高原上难得的一点绿，附近的山上植被茂盛。

1941 年的南泥湾想必比今天的植被更加的茂盛。但那时是蛮荒之景。南泥湾镇南泥湾村六十八岁的老人侯秀珍告诉笔者，当时的南泥湾流传有这样的俗语:“南泥湾啊烂泥湾，荒山臭水黑泥潭。方圆百里山连山，只见梢林不见天。狼豹黄羊山鸡蹿，一片荒凉少人烟。”

1941 年后，牺牲 1/10 战士，三五九旅垦出“米粮川”

1941 年春，三五九旅六个团的 11958 人在旅长王震的带领下，分批浩浩荡荡地从绥德警备区开进了南泥湾。这就是南泥湾大生产运动的开始。其时，抗日战争正处相持阶段，国民党调动几十万大军，分五路封锁陕甘宁边区，企图困死、饿死八路军。

毛泽东在之后的一段回忆里深刻地描述了共产党当时的处境:“我们曾经弄到几乎没有衣穿，没有油吃，没有纸，没有菜，战士没有鞋袜，我们的困难真是大极了。”

“饿死呢，解散呢，还是自己动手呢？饿死是没有一个人赞成的，解散也是没有一个人赞成的，还是自己动手吧！这就是我们的回答。”毛泽东说。这正是人生产运动的背景，南泥湾是边区政府的第一块“试验田”，三五九旅开进南泥湾时，每个人都会背的一句指示是:“一把镢头一把枪，生产自给保卫党中央”。之所以会选中南泥湾，是因为此地荒芜，土地肥沃，有数百亩良田可供开荒。

口号高亢，然而现实却异常残酷。开进南泥湾的这不到五十公里的路程，三五九旅走了好几天时间，全靠人工开路，全是荒无人烟的深山老林。“听公公说，刚开始的情况真是太艰难了，要啥没啥，大家也都是在林子里逮着啥吃啥。可上万人的部队啊，再加上每天十几个小时开荒的强体力劳动，很多战士就饿死了、累死了。”侯秀珍介绍道。

侯秀珍的公公刘宝寨当时是三五九旅一四一团的副连长，后来三五九旅南下后，刘宝寨是少有的几个留在当地的战士。他在自己开垦的南泥湾安了家。老人一生严谨，一件外套整整穿了三十年，还经常教导后辈要艰苦奋斗。老人家直到九十一岁，还坚持要下田锄地。

因为极度恶劣的自然环境，吃、喝都成问题，而且没有其他工具，全凭一双手开荒。进驻南泥湾的前两个月，牺牲的战士就接近1/10，这些战士大多是饿死、累死、病死的。然而就是在这样恶劣的环境下，奇迹才得以创造。

到1944年底，三五九旅开荒种地达26万亩，收获粮食37000石（1石等于150公斤）。1941年的自给率为78.55%，1943年增长为93.3%，1944年秋，南泥湾的粮食除满足自给外，还主动向边区政府上缴了10000石，做到了耕一余一。

短短三年时间，昔日的“烂泥湾”变成了“米粮川”“好江南”，三五九旅因此成为全军大生产运动的一面旗帜。有了南泥湾的收获，抗战乃至中国革命才度过了非常时期，红色延安才走过了“寒冬”。

如今的南泥湾，与往年不一般

1958年，饥荒中人们逃到“好地方南泥湾”。

二十世纪五六十年代，三五九旅的战士以南方人居多，而南泥湾的小气候又温润潮湿，战士们便尝试在南泥湾种植水稻，结果一试就成功。于是，黄土高原上，“罕见”地出现了成片的稻田，加上让人眼馋的绿色蔬菜、水果，“陕北江南”的说法由此不胫而走。

侯秀珍便是“闻名而至”。侯秀珍原籍河南，1958年时当地闹饥荒，十六岁的侯秀珍跟随亲人一起出门逃荒。“人家都说南泥湾是个好地方”，于是侯秀珍来到了这里。因为吃苦肯干，侯秀珍很快成为南泥湾有名的“铁娘子”。

侯秀珍介绍，随着三五九旅的南下（1944年），由于没有人手耕种，南泥湾大部分土地都荒芜了。后来，南泥湾成为“革命锻炼基地”，来自全国各地的年轻人先后来到这里。然而到达现实中的南泥湾后，这些一腔热血的年轻人不免失望。现

建设南泥湾的“铁娘子”侯秀珍（左）讲述南泥湾的往事（图片来源：《扬子晚报》）

实中的南泥湾没有歌词中那般富有诗意，更多的是连片的荒地、条件艰苦的窑洞，而且一度连盐都吃不上。侯秀珍介绍，当时南泥湾人要吃盐，就是从盐碱地盛一些脏水，然后把水烧开，烧制出一点咸水当盐。

但南泥湾“艰苦奋斗、自力更生”的精神却延续了下来，侯秀珍就是当时的模范代表。据这位南泥湾“铁娘子”回忆，全国学大寨时期，南泥湾也是不甘落后，“即使是寒冷的冬天，我们都是 6 点钟就起床，忙到晚上 8 点钟天色全黑，还要挂起马灯夜战，每天几乎不到十一二点不会休息”，“建水坝、挖稻田等等”。

2010 年，投入一百亿打造“陕北好江南”

侯秀珍介绍，直到 1978 年改革开放时，出南泥湾才有了一条一米多宽的土路，此前南泥湾主要靠“人背”，背柴、背粮食、背粪等。

侯秀珍介绍，随着国家各项惠民政策的下达，南泥湾近些年来发展飞快。“1999 年开始实行退耕还林，一亩地能补偿三千多元，按平均

七十三岁的当地人张培人（音）表演南泥湾大生产时的情景（图片来源：《扬子晚报》）

每户人家五亩地计算，仅国家的退耕还林补偿这一块，每户人家每年就有一万多元的收入。”

南泥湾现有十多个自然村，共有五六千人。在每户人家前，你几乎能看见同样的场景，山坡上是破败的窑洞，看起来摇摇欲坠，那是南泥湾人曾经的住所；在这些窑洞的前面，是一排排贴着白瓷砖的楼房，一新一旧映衬着南泥湾的今昔。

笔者了解到，2010年9月，延安市引进外来投资，准备投入100个亿对南泥湾进行整体开发，致力于把南泥湾打造成人们心目中真正的“陕北好江南”。在南泥湾大生产展览馆门前的稻田里，能看见一块南泥湾垦荒纪念碑。此碑是七十三岁的当地人张培人（音）自费请工匠打造的。老人每天都把自己收拾得很干净，一副陕北农民的打扮。他拿着锄头往地里一站，一下子便能让人感知大生产年代的南泥湾。因为交通不便，时下南泥湾的游客并不多，然而当地人已经先行一步，开始从红色旅游里掘金。

（本文发表于2011年6月13日，选自《扬子晚报》）

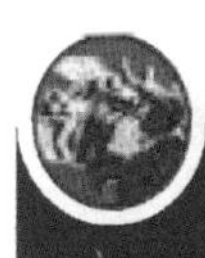

《到敌人后方去》点燃抗日救亡的燎原星火

文／梁天韵

1938年底，二十二岁的左翼音乐家周巍峙，率西北战地服务团赴晋察冀敌后抗日根据地工作。在他的回忆里，根据地到处可以听到“到敌人后方去，把鬼子赶出境”的歌声。

赵启海夫妇年轻时的合影（图片来源：中国徐州网）

《到敌人后方去》由赵启海作词，冼星海谱曲，于1938年9月在武汉完成。在艰难的岁月里，《到敌人后方去》曾激励无数游击战士英勇作战、保家卫国，引领无数仁人志士投身抗日救亡的伟大事业。

1937年7月，抗日战争全面爆发。北平师范大学学生赵启海与一些进步青年组织了北平学生流亡剧团，南下进行抗日救亡歌咏宣传。在上海，从苏联回国的音乐家冼星海，参加了由中共上海地下党组织领导、进步文艺工作者组成的救亡演剧队，巡回各地进行抗日宣传。

1937年秋，八路军奔赴华北敌占区，担负开辟敌后战场、建立敌后根据地的战略任务。将士们广泛发动、组织和武装群众，扩大抗日队伍，开展游击战争，把敌人统治的后方变成了抗日的前线。

1938年初，赵启海和冼星海在武汉结识并开始合作。1938年9月，周恩来到武汉视察抗战宣传工作，在为所属演剧队报告当前局势时，重点阐述了毛泽东《论持久战》的战略思想，强调要挺进敌人后方开展群众运动，独立自主进行游击战争。

这场报告启发并鼓舞了在场的赵启海和冼星海。“为了响应党的号召，他们创作了一系列以敌后抗日为主题的歌曲，《到敌人后方去》是其中传唱度最高的作品之一。”中国艺术研究院研究员向延生说。

“到敌人后方去，把鬼子赶出境。不怕雨，不怕风；包后路，出奇兵；今天攻下来一个村，明天夺回来一座城。叫鬼子顾西不顾东，叫鬼子军力不集中。”

通俗易懂的语言，朗朗上口的旋律，这首刻画豪迈勇敢的游击战士、波澜壮阔的人民战争的《到敌人后方去》，很快就从武汉三镇传到了全国，鼓舞和增添了广大人民群众抗战到底的决心和勇气。

当战争的硝烟散去，和平年代里的《到敌人后方去》依旧传唱不朽。激昂的旋律已成为抗战历史的背景音，是溶于中国人血液中的家国记忆。无论是 1982 年的电影《战斗年华》，还是 2010 年的纪录片《我的抗战》，《到敌人后方去》的歌声都贯穿其中，与那段特殊的岁月紧紧相连。

（本文发表于 2015 年 8 月 9 日，选自新华网）

红色经典《长征组歌》是如何诞生的

文／李　婷

2016年是长征胜利80周年。有这样一首组歌，仅用六百八十个字就艺术再现了这场被誉为20世纪人类最伟大的战略转移。它的名字叫《长征组歌》，由长征亲历者、共和国最年轻的开国上将萧华作词，首演至今半个多世纪传唱不衰。那么这首红色经典是如何诞生的？在中共“一大”会址纪念馆揭幕的“萧华《长征组歌》文物文献展”给出了答案。展览通过两百余件珍贵藏品、图片，系统展示了萧华传奇的一生以及由他作词的《长征组歌》的诞生及演出历程。

萧华（图片来源：兴国县人民政府网）

十八岁参加长征，是军中儒将

萧华十一岁参加革命，十四岁加入中国共产党，十七岁被任命为红军少共国际师政委，十八岁参加长征。长征中，萧华率部勇猛作战。其中，具有代表性的事件是1935年他协助刘伯承与四川大凉山彝族部落首领小叶丹结盟，使红军顺利通过彝民区。到达陕北后，萧华参加了东征、西征，为党中央立足大西北和北上抗日立下汗马功劳。

中共一大会址纪念馆陈列研究部副主任韩晶说，在中国人民解放军的序列中，萧华不仅是一位百战将星，也是一位军中儒将，以学识渊博闻名。他一生喜爱读书和藏书，达到了嗜书如命的程度。据记载，长征途中，物质条件艰苦至极，他宁可丢掉自己穿的、用的东西，也舍不得将书“轻装”掉。

萧华的长女萧雨透露，她父亲很喜欢也很擅长写诗，以本次展览展出的萧华所写的《长征记》为例，这本日记不仅记载了长征途中的历次重要战斗，还有萧华创作的诗作。比如，瓦窑堡会议后，萧华调至红二师任政委，率部参加红军东征。在兑久峪战斗中，萧华亲临前线，左腿被击伤，在养伤期间还写下了一首名为《伤》的诗作。

手稿的字里行间，满是泪痕

扎实的文字功底和参加长征的经历，为萧华创作《长征记》奠定了重要基础。萧雨说，其实她父亲早就想用艺术的形式讴歌长征，但因为长期在军中担任要职，一直抽不出时间。《长征记》是萧华趁着养病的空当创作的。那是1964年4月，因长期超负荷工作而患上了肝炎的萧华，经组织安排由夫人王新兰陪同到杭州治病疗养。当时，全国各地正在筹备长征胜利30周年的纪念活动，许多单位约萧华写有关长征的文艺作品。经过深思熟虑，他决定用组诗的形式来表现长征。据韩晶介绍，为准确概括红军长征的过程，萧华认真研读毛泽东著作、诗词，以及许多老同志的长征回忆录。在积累大量创作素材的基础上，萧华汲取中国古典诗词的养分，从长征极其丰富的斗争生活中，选取了十二个最具概括性的典型场景进行创作，并采用古诗词中“三七句、四八开”的格式，即每段诗歌四个三字句、八个七字句，共十二行六百八十字，一诗一韵。经过反复修改，以《红军不怕远征难》为总题目的长征组诗于1964年11月中旬正式定稿。

“这是一部名副其实的呕心沥血之作。”萧雨说，从1964年9月到11月，她父亲把全部精力投入到长征组诗的创作中。“我父亲在创作时想起那些牺牲的战士，总会忍不住泪流满面。我母亲后来告诉我，有时她站在父亲身后，看到父亲的稿纸上都是泪痕。”关于当时写作的情形，萧华生前也曾多次说过“写《长征组歌》，不知道自己掉了多少眼泪”的话。

据本次展出的《回忆萧华》一书记载，创作完成后，萧华将长征组诗分送中央和军委的领导，周恩来总理第一时间仔细阅读，随即给萧华打电话，说他做了件大好事。不久，北京军区战友歌舞团的晨耕等四人选取组诗中前十首反映长征过程的诗歌进行谱曲。1965年8月1日，《长征组歌》在北京民族文化宫正式首演，引起轰动。一个多月后，《长征组歌》即到上海演出，同样盛况空前，一票难求。本次展览还展出了一张1965年9月18日的《文汇报》，当天的报纸以半个版面的篇幅刊登了对《长征组歌》的评论，盛赞这是一部“内容丰富、形式新颖、气势磅礴、亲切感人的大合唱”。如今，五十一年过去了，《长征组歌》依然闪耀着光芒，在歌声中传递着长征精神。

（本文选自《文汇报》，原标题为“创作时，萧华一面流泪一面写”）

永恒的《十送红军》

文／李继勇

兴国县将军馆（图片来源：人民网）

“一送（里格）红军，（介支个）下了山，秋风（里格）细雨，（介支个）缠绵绵。山上（里格）野鹿，声声哀号叫，树树（里格）梧桐，叶呀叶落光。问一声亲人，红军啊，几时（里格）人马，（介支个）再回山……”

江西，这块曾被血与火洗礼过的土地上，演绎过太多的革命史诗，沉淀了太多的红色记忆。这首婉转优美、如泣如诉的《十送红军》，便是一座高耸的丰碑，有着历久弥新的生命力。

《十送红军》是根据江西兴国的山歌《送郎调》改编而成的。兴国是山歌之乡，在中国工农红军二万五千里长征之前，中央苏区就传唱着许多洋溢着革命色彩的新编山歌。这些山歌像春风唤醒大众，似号角激励军民，如匕首瓦解敌军，成为建

立、巩固红色政权的有力武器。那些唱着山歌去拥军、去“扩红”、去战斗的赣南妹子被称为“走歌”的红妹子，有“一首山歌三个师”的美誉。《送郎当红军》《当兵就要当红军》等山歌在中央苏区广泛传唱，在歌声的感染下，兴国、瑞金、于都等地的“扩红”运动如火如荼，到处涌现出妻送郎、母送子、弟送兄参加红军的感人场面，当年总人口为240万的赣南参加红军的就有33万，其中仅有23万人口的兴国就有8.6万余人参加红军。

《十送红军》是在第五次反“围剿”失败、红军即将踏上长征路的背景下，流传在江西革命根据地的民歌。歌声响起，情真意切的悲怆便呼之欲出，让人有如目睹八十多年前的那个阴雨绵绵的秋天，战马嘶鸣，数十万赣南子弟与亲人、骨肉告别。十里相送的火把照亮了多少母亲和妻子的眼泪。对于大多数红军战士和红军家属来说，这是一次生死诀别。

《十送红军》送走的红军儿郎没有辜负家乡父老，他们锻造了共和国辉煌的一页，也把用血肉之躯赢得的荣光留给了故乡——江西有325位开国将军，居全国各省之首，其中兴国、吉安、永新三县均为中国十大将军县之一。

神圣与荣光的后面是江西人所付出的巨大牺牲。江西全省有名有姓的烈士就有25万多人，无名烈士更是难以计数，其中很多就是倒在长征路上的。诞生了歌曲《十送红军》的兴国县牺牲在长征路上的有名有姓的烈士就达12038名，二万五千里长征路的每一公里，都有一名兴国籍战士化作了生命的路标。同样付出了巨大牺牲但却一直隐身于光荣背后的，还有数十万红军战士身后那数量更为庞大的红军家属群体。红军长征后，中央苏区全部陷入敌手后，原来的红色革命根据地顿时被血雨腥风的白色恐怖笼罩着。据统计，红军长征后的三年时间里，中央苏区被国民党杀害的共产党员和群众就达八十多万人，苏区成了血与火的世界，很多村子成了“无人村”“血洗村”。

是送别儿郎的母亲、盼望父亲的孩子、守候丈夫的妻子与红军战士一同谱写了《十送红军》这首红色经典。时至今日，穿越历史的硝烟，听到这首歌，我们依然能感受到那如泣如诉的旋律下，述说的是无言的坚韧与顽强。

漫长的守望有时甚至比牺牲更为痛苦。因为红军提倡婚恋自由，赣南出现了大量的新婚夫妇，可红军一长征，许多新婚夫妻便不得不从此天各一方。将最心爱的男人送去书写史诗般磅礴的历史，而她们自己留在乡间、田野打理着漫长且艰辛的寻常生活。她们守着一个没有男人的家，撑起了一个个本该由男人来撑起的家。当年，她们也曾唱着《十送红军》为亲人送别，然后就倚门盼着亲人早日回家，用自己的信念支撑着，执着地守望。这一等就是几十年。她们唱着《想红军》《盼红

兴国县将军广场（图片来源：兴国县人民政府网）

军》，一直唱到青丝变白发。可她们等待着的人儿大多数都没有回来！她们不清楚丈夫那火热的身躯究竟是冰冷在湘江边，还是在雪山、草地上。看看她们泪水干涸的双眼，就知道什么叫作望穿秋水！

历史让这一批女性承担了太多的苦难，而她们却用隐形的牺牲、苦难的人生阐述了民族的精华，留下许多足以感动中国的传奇故事。

瑞金市叶坪光荣院有位叫陈发姑的失明老人。她的故事经网络传播后，网友们便毫不吝啬地将“史上最牛军嫂”“共和国第一军嫂”的美誉献给了她。

1931 年，陈发姑动员丈夫朱吉薰参加了红军。1934 年 10 月中旬，朱吉薰随队伍长征。临别前，朱吉薰安慰妻子不要难过，等着他，等到革命胜利的那一天，他一定会回来的。陈发姑让丈夫放心地走，说自己一定会等他胜利归来。

“哇哩（说了）等你就等你，唔（不）怕铁树开花水倒流。水打石子翻转身，唔（不）知我郎几时归”。悠悠的山歌声中，陈发姑开始了漫长的等待。国民党军队攻占瑞金后，逮捕了陈发姑，严刑拷打逼她声明脱离革命队伍、与丈夫离婚。陈发姑没有屈服，她坚信革命一定会胜利，丈夫总有一天会回来。但是革命胜利了，朱吉薰却没有回来。于是，陈发姑一等便是七十五载，直至一百一十五岁时安然去世。

事实上，对于许多老人来说，这种没有归期的等待唯有生命终结才能画上句号。

2005 年 4 月，兴国县茶园乡教富村一位九十五岁的老人溘然辞世。这位名叫池煜华的普通乡村老奶奶是位红军妻子，她的丈夫便是在党史上有大名也有大谜的李才莲。李才莲是红军长征后留在南方领导革命的苏区中央分局十二名委员之一，也是很长一个时期都被视作是下落不明的一位——只知他于 1935 年夏失踪。

1929 年冬，十八岁的池煜华与十五岁的李才莲圆了房。圆房后的第三天，李才莲就去闹革命。为了革命，李才莲行踪飘忽不定，与池煜华近在咫尺，却又远在天涯。直到 1933 年，池煜华打听到丈夫驻在宁都县，便赶去与他相聚了六天。分手

时，李才莲叮咛妻子，说战争时候什么消息都有，如果有人说他死了，千万别信，革命成功他就一定会回来和妻子相聚。李才莲还送了妻子一面小方镜和一件身上的白布褂。

李才莲和池煜华都不会想到，这次短暂的相聚，竟成永诀。几天的相聚虽短暂，却是池煜华最幸福的日子。她不仅感受到了甜蜜的幸福，更有幸认识了毛泽东、朱德、周恩来、李富春、蔡畅等许多赫赫有名的人物。1934 年，李才莲到兴国县布置红军撤退工作，曾写信要池煜华赶到县城会面。由于交通不便，池煜华接信赶到县城时，李才莲已经走了。虽然丈夫从此音讯全无，池煜华却始终坚信丈夫还活在人世，于是便有了感天动地的七十余年的守望。

七十余年的岁月，在没有归期的期盼与无尽的思念中悄然流逝。池煜华兑现了对丈夫的三个承诺：照顾好了李才莲的父母并养老送终；识了几百字还坚持给李才莲写永远也不能寄达的信；一直从事力所能及的革命工作。而能给池煜华安慰的，只有丈夫留下的那面方镜和那件白布褂。她每天都会在那面镜子前梳理长长的思念，直到青丝梳成了白发；睡觉时，她都要把李才莲穿过的那件白布褂子放在枕边。

即便政府拨专款为池煜华修了二层的小楼，她依然坚持固守在她和李才莲圆房的那幢百年老屋里。每天起床后，老人都会在门口张望一下，在门槛上站几分钟，她想看看丈夫是否回来了，七十余年的岁月使得门槛都被踩出了一个深深的凹槽。

直到 1986 年才查实，池煜华苦等一辈子的丈夫早在 1935 年就已牺牲。那年 4 月，李才莲率领的游击队被国民党包围在瑞金的铜钵山，突围时，李才莲被警卫班的叛徒杀害。可当人们把这一情况告诉池煜华时，她却坚决否认，说“没有见到尸体”，任谁劝她她都不信，因为“才莲说过，他不会死，他会回来的”！

若把池煜华老人一生的守候解读成一个至纯至美的爱情童话，未免过于轻飘。因为爱情对池煜华老人来说，实则成了一种信念。

在这块当年被称作苏区、如今被称为老区的土地上，谁也不知到底有多少类似陈发姑、池煜华的故事被湮没了。或许，她们并不是被湮没，只是化为了《十送红军》里一个个的音符。

（本文发表于 2016 年 9 月 2 日，选自《中国纪检监察报》）

《八月桂花遍地开》诞生始末

文 / 周其玮

歌剧《八月桂花遍地开》剧照（图片来源：《湖北日报》）

“八月桂花遍地开，鲜红的旗帜竖啊竖起来，张灯又结彩……”《八月桂花遍地开》这首脍炙人口的革命历史歌曲，在大别山唱响后，伴随着红军坚定的足迹传遍大江南北。

《八月桂花遍地开》“版权”应该“花落谁家”

随着《八月桂花遍地开》在全国越唱越响，多年以来，江西、四川、安徽、河南、湖北等地的研究者在民歌的整理和发掘工作中，纷纷探寻该歌曲的源头，都自称“花落自家”，经过多方探讨，结果渐渐明晰。

江西？四川？中共党史研究者和音乐理论界基本予以否定了。

从流传时间上，此歌诞生在鄂豫皖革命根据地老区已成定局。安徽金寨？湖北红安？河南商城、新县？具体在什么地方，各家都拿出证据，众说纷纭，莫衷一是。

历史背景：鄂豫皖三省交界处的大别山中段，历来是兵家必争之地。1927 年 11 月，中共湖北黄安（后改称红安）县委发动了黄麻起义，1928 年，转移到光山县南部柴山堡，在此逐步创建起鄂豫边根据地，建成中国工农红军第十一军三十一师。

1929 年 5 月，河南商城南乡爆发了商南起义，成立中国工农红军第十一军三十二师，并建立了豫东南根据地。11 月，安徽六霍也发动武装起义。到 1930 年 6 月鄂豫皖革命根据地正式成立，并建立了苏维埃政权。

湖北红安与河南新县之争

湖北红安证据：鄂豫皖革命根据地创始人之一戴季英曾在 1980 年 5 月讲到，《八月桂花遍地开》是湖北柴山堡的当地人创作的，具体是谁不清楚，但不是从外地传来的。他说他曾经和曹学楷、戴克敏、郑位三等当时根据地的领导人都参加过修改。有一些老红军战士回忆说，歌词是红安的老私塾先生岱觉先写的，不过红安当地也有把这首歌叫《庆祝苏维埃》的。按戴老的说法，歌曲诞生在黄麻起义后红三十一师所在的鄂豫边根据地柴山堡一带。红安县因是黄麻起义第一枪之地，特别是岱觉先是红安人而获版权竞争权。

河南新县证据：新县当时叫新集，后来成为鄂豫皖革命根据地的首府，因而《八月桂花遍地开》诞生在新县的观点也得到一定支持。

安徽金寨与河南商城之争

安徽金寨证据：1929 年 9 月底，红三十二师从鄂东北回师商南，在恢复和成立区、乡政权的基础上，商城县工农革命委员会在南溪正式成立，不久，迁驻汤家汇。县委领导李梯云等在斑竹园研究决定编一首歌唱苏维埃的歌，果子园乡佛堂坳小学校长罗银青，以《八段锦》曲调填词创作了《八月桂花遍地开》，那时可能叫作《庆祝成立工农政府》。

河南商城证据：河南和安徽两省于 1992 年 6 月共同编写的《鄂豫皖革命根据地史》中如此表述："为了表达广大劳苦群众翻身得解放和庆祝苏维埃政府成立的喜悦心情，共产党员、佛堂坳小学校长罗银青于 1929 年 10 月（农历八九月间），在商城县工农革命委员会成立时创作的著名革命歌曲《八月桂花遍地开》开始在豫东南革命根据地广为流传。"

按此说法歌曲《八月桂花遍地开》应诞生在商城县，河南商城似乎已获得版权。但这里有一个历史上的行政区划问题：1933 年以前，商城县南部习惯称商南，包括斑竹园、吴家店、果子园、南溪等地，但在 1933 年这些地方被划归了安徽省，成立了煌县，现在属安徽省金寨县辖区，因此安徽金寨有足够的理由称是《八月桂花遍地开》的诞生地。

《八月桂花遍地开》诞生地似乎已成定局，但是又有了歌曲作者之争。当年任鄂豫皖省委宣传部部长的成仿吾于1982年5月在参观新县革命纪念馆时回忆说：“记得当时是一个姓王的列宁小学教员写的。他思想进步，喜爱文艺。叫什么名字，忘记了，是商南或皖西人。”基于此，他们认为是商城县革命烈士王霁初创作的《八月桂花遍地开》。王霁初是商城县城西大街人，这样商城就完全摆脱金寨，毫无疑义地成为版权所有者。

各方争论热火朝天，但为庆祝当地苏维埃政府（抑或称为工农民主政府）成立而创作出《八月桂花遍地开》这一点是基本一致的。从三地不同的歌名以及1930年农历二三月间，有些地方建立乡、区政权时第一句改唱成“三月桃花遍地开”，加之各地都有红军领导人对歌词的进行讨论修改之说，推断:《八月桂花遍地开》雏形是在1929年秋鄂豫边及豫东南革命根据地开始建立工农民主政权到1930年鄂豫皖革命根据地成立之间出现的；鄂豫皖革命苏区各地结合自己的情况将其不断修改完善最终成型。它是集体智慧的结晶，是属于整个鄂豫皖革命根据地的。而这最后的确定，应当与王霁初和他的红日剧团有着密切的关系。

王霁初与《八月桂花遍地开》有怎样的渊源

2006年，为纪念红军长征胜利70周年，河南影视集团和信阳市及商城县联手拍摄了电影《八月桂花遍地开》，讲述了二十世纪二三十年代商城公子哥王霁初爱戏、爱民歌，走上革命道路，创作革命歌曲《八月桂花遍地开》的故事。电影毕竟是艺术，与真实的历史有一定差距。那么王霁初到底是一个什么样的人物，王霁初与《八月桂花遍地开》又有着怎样的渊源呢?

王霁初从小喜欢唱戏，吹、拉、弹、唱样样都拿得起。1914年他在天津南开中学毕业后，其父在东北给他谋了个职务。可他痴迷戏曲，最终还是回到老家商城，陶醉于商城遍地的民歌和民舞之中。为了收集民歌，在一次收租时，王霁初竟答应佃户们唱民歌减租。不久后他干脆卖掉家里的田稞，凑钱办起了一个“双河戏班”。商城因而流传开一个歇后语：王霁初卖稞——玩戏!

在整个鄂豫皖地区到处是火热的红色革命大潮时，王霁初在收集民歌与贫苦大众不断接触中，对备受国民党政府、土匪、乡绅欺压的佃户、贫民等劳苦大众的困苦生活非常同情，对革命红军打土豪、分田地的传闻深感敬佩，进而对红军、对苏区产生敬仰和向往。

“快过年了，人们都忙着买年货，天很冷，那时街上有人挑柴在卖。谁也没留意红军就打进来了……”周其玮父亲常听曾祖母讲述红军打进商城的传奇故事。那是1929年12月25日凌晨，天上飘着雪花，趁商城守军出兵潢川，城内空虚之际，

红三十二师的红军乔装成卖柴草、油条的农民，里应外合突袭了商城县城。商城县城的穷人翻身做了主人，人们张灯结彩，挂红布、系红带。此时的王霁初也异常兴奋，不承想他被红军当作地主抓了起来，可他全然不在乎，在狱中以商城小调《山伯访友》的调写下了歌唱红军智取商城的歌曲《打商城》："民国十八春（年），红军打商城，打得土豪乱纷纷，救出我穷人。……"

不久，红军成立了商城县苏维埃政府。据商城一些研究人员考证，因为王霁初《打商城》写得好，当时县苏维埃政府的吴靖宇、陈世鸿等人找到他，将编一首歌颂苏维埃歌曲的任务交给了他。他用《八段锦》的调配上新歌词，并和三十二师首长周维炯、吴靖宇等共同修改歌词，反复推敲，最后歌名按照三十二师首长漆德玮的意见叫《八月桂花遍地开》。

为了更好地宣传革命，鼓舞斗志，商城县委让王霁初创办红日剧团，并让他当团长。在红日剧团，王霁初改编传统曲调，配上新内容写了大量革命歌曲。可以想象红日剧团肯定也收集并整理了苏区流传的其他革命歌曲，并进行编演。红日剧团将《八月桂花遍地开》编成歌舞形式，走到哪儿就唱到哪儿。红日剧团产生的影响与成绩，引起了在江西的中共中央的关注。1932 年中共鄂豫皖省委（当时迁入新集）让王霁初创建省苏维埃"新剧团"，任命王霁初为总指导老师。王霁初及红日剧团在鄂豫皖苏区的革命文艺宣传中占据着重要地位，产生了广泛而巨大的影响，因而通过他们的活动把王霁初版的《八月桂花遍地开》普及，并取代各地音调成为鄂豫皖苏区红军官方推广的正式版本是完全可以想象和理解的。

是谁把《八月桂花遍地开》带到江西中央苏区

1993 年 5 月，阔别故乡四十六年的老将军李德生重回大别山，他在老家新县陈店乡深情地回忆："1929 年，我当儿童团长，拿着红缨枪和木棒，站岗放哨。当地成立苏维埃政府的时候热闹得很，大家敲着两人抬的大鼓，唱着自编的革命歌曲《八月桂花遍地开》。后来，我参加红军，长征了，我们走到哪里，就把这首歌唱到哪里。"据说这首歌在中共商城县委和红三十二师中成为必唱的歌曲，当时苏区党和红军负责人张国焘、徐向前等也是逢会必唱。

1931 年夏，红三十二师副师长漆德玮等一批同志，从鄂豫皖调到中央根据地工作。这支歌就由他们带到在江西的中央根据地，很快在那里流传开来。

红四方面军在商城斑竹园成立时，人们载歌载舞，唱起这首歌曲，庆祝人民军队的建立。1932 年 10 月，红四方面军带着这支歌从鄂豫皖苏区向川陕转移，建立了川陕根据地，后来红二十五军北上又将此歌传到陕甘宁革命根据地。漫漫长征路上，这首歌激励着红军战士对革命充满的必胜信念，一直到三大主力胜利会师。这样，《八月桂花遍地开》传遍了鄂豫皖，也传遍了中央苏区和川陕地区，更伴随着红军的足迹传唱全中国。

河南商城文史馆研究员杨琼说：“这首歌是以大别山歌谣《八段锦》填词改编而成的。”《八段锦》是鄂豫皖交界大别山流传广泛的曲牌子，原来民歌名字叫《小小鲤鱼压红鳃》，歌词是：“小小鲤鱼压红鳃，上游子游到下呀嘛下江来。头摇尾巴摆呀哈，打一把小金钩钓呀嘛钓上来。小呀郎来呀啊，小呀郎来呀啊，不为冤家不到此处来。”杨琼说：“1929年至1930年间，鄂豫皖苏区的苏维埃政权相继建立，人们改唱《八段锦》以表达苏区人民群众庆祝苏维埃政权成立和第一次分到土地后欢欣鼓舞的心情。因为歌词首句是‘八月桂花遍地开’，所以歌名就这样叫开了。”

“王霁初跟红军走了以后一直没有消息，中华人民共和国成立后来了通知，牺牲了，是革命烈士。”周其玮父亲曾回忆。

中华人民共和国成立后，音乐界人士将《八月桂花遍地开》改编为不同版本的合唱曲，还改编成二胡、琵琶等器乐曲。1959年，作曲家李焕之与词作家霍希扬把这首单旋律民歌改编成丰富的民歌合唱曲。1964年，李焕之再度把它改编成女声合唱曲，用于大型音乐舞蹈史诗《东方红》第二场《星火燎原》中，以女声合唱加舞蹈表演的形式出现，一时间《八月桂花遍地开》红遍全国，最终变成红色经典歌曲。

红色经典民歌《八月桂花遍地开》后来又进入中小学等音乐教材，伴着动听的旋律，革命精神浸润了一代代中国儿童的心。而作为《八月桂花遍地开》诞生地的革命老区更是以此为骄傲，不管是“《八月桂花遍地开》诞生地——商城欢迎你！”的彩铃，还是新县鄂豫皖苏区首府烈士陵园中镌刻着《八月桂花遍地开》的歌谱和歌词的石头，以及安徽合肥大型皖西民歌音乐剧《八月桂花遍地开》的演出，都寄托了老区人民在新世纪经济大潮中借助《八月桂花遍地开》获得新的辉煌的美好愿望。

（本文选自中国广播网）

山丹丹开花红艳艳
中央红军到陕北

文/吴岱霞　周　莉

"一道道的那个山来哟一道道水，咱们中央红军到陕北，一杆杆的那个红旗哟一杆杆枪，咱们的队伍势力壮……"这是一首脍炙人口的陕北民歌，歌曲曲调明亮，旋律优美。主要描述正逢满山的山丹丹花开的时候，中央红军胜利抵达陕北。中央红军胜利抵达陕北标志着行程二万五千里、纵横十一个省的中央红军的长征以共产党人的胜利、敌人的失败而结束。

红遍黄土高原的山丹丹花成了陕北的象征

1971年，中央人民广播电台的一些老同志建议，整理几首陕甘宁边区的革命民歌，并进行加工创作。北京的音乐家关鹤岩来到陕西，同冯富宽、徐锁、李若冰、刘烽等人组成了工作组到延安采风。

灿烂开放的山丹丹花（图片来源：陕西省教育厅网）

有一天刘烽和李若冰在窑洞里聊长征、聊土地革命，回忆起中央红军到达陕北之前的那段艰难岁月，感慨万千，觉得要是有一首迎接中央红军的歌就好了。关鹤岩同志提出，应创作一首反映中央红军和毛主席到达陕北这一伟大革命转折时期的民歌。经反复商讨后，确定以《跟上共产党把革命闹》和陇东民歌《女儿担水》《永远跟着毛主席》为素材，工作组成员共同重新编曲、改词后，形成了《山丹丹开花红艳艳》。这首歌用了当地老百姓的语言，写出了陕北历史上伟大革命转折的画卷。

山丹丹花，学名斑百合，生活中经常被称为“山丹丹花”。陕北人民历来喜爱山丹丹花，视之为美好的化身。1935 年，中央红军到达陕北后，这种红遍黄土高原的花朵，又被人民赋予了新的含义。山丹丹花逐渐成了陕甘宁边区的象征，成了陕北的象征，成了延安的象征。

三大主力会宁会师红军长征胜利结束

1936 年 10 月 22 日，红一、红二、红四方面军历经千辛万苦，在甘肃会宁胜利会师，长征胜利结束，从此中国革命转危为安。

从 1930 年起，蒋介石向各个革命根据地连续发动军事“围剿”，妄图扑灭革命的烈火。在中央苏区，由于“左”倾冒险主义的错误导致第五次反“围剿”失败后，中央红军不得不于 1934 年 10 月从江西瑞金出发，进行战略转移。随后，其他几个革命根据地的红军也先后开始长征。

1935 年 1 月，中共中央在遵义召开政治局扩大会议，纠正了党内的错误路线，在事实上确立了以毛泽东为核心的党中央的正确领导。从此中央红军在毛泽东等指挥下，灵活机动地与强敌周旋，四渡赤水、巧渡金沙江等，摆脱了数十万敌军的围追堵截。之后又强渡大渡河、翻越夹金山，于 1935 年 6 月，在四川懋功地区和红四方面军会师。两大主力会师后，中共中央随即召开会议，决定“集中主力向北进攻”，“创造川陕甘苏区根据地”。

红一、红四方面军合编为左、右两路军，右路军由毛泽东率领先行北上，通过荒无人烟的大草地，于 9 月突破川甘边界的天险腊子口，10 月 19 日抵达陕北根据地的吴起镇，不久后和陕北的红十五军团会师。吴起镇的会师，标志着行程二万五千里、纵横十一个省的中央红军的长征以共产党人的胜利、敌人的失败而结束。

1936 年 7 月 2 日，红四方面军在甘孜和来自湘鄂川黔革命根据地的红二、红六军团会合。红二、红六军团加上红三十二军合编为红二方面军，由贺龙任总指挥，任弼时为政委。

在红四方面军广大指战员的支持下，红二、红四方面军终于共同北上。

1936 年 10 月 22 日，红一、红二、红四方面军在甘肃会宁、静宁地区胜利

会师。

三支红军会合时虽不足三万人，但他们是经过千锤百炼后保存下来的力量，是中国共产党和红军的精华。在抗日烽火即将在全国燃起的时候，三支主力红军在接近抗日前线的陕北会师，具有重大的历史意义。

红军三次书写了战略转移的壮烈篇章

一是 1934 年 8 月，任弼时、萧克、王震率红六军团先遣西征，落脚湘西，开辟湘鄂川黔革命根据地，为中央红军长征开辟道路、战略策应，在湘征战一年多。

二是 1934 年 10 月，党中央和中央红军长征入湘，八万多人连续突破封锁线，血战湘江，仅余三万人在通道转兵，进军黔东南，在湘征战一个半月。

三是 1935 年 11 月，任弼时、贺龙率红二、红六军团从桑植誓师长征，挺进湘中，由湘入黔，最后三大主力红军会师陕甘。

三支红军长征，经过今湖南的九个市、州，四十八个县、市、区，宣传了革命思想，播撒了红色火种，创造了英雄业绩，谱写了长征史诗。湖南人民不惧危险支援红军长征，付出了重大牺牲，军民同心奋斗，浴血牺牲，可歌可泣。

星星之火已燎原

八十年前的中国工农红军的万里长征，是中国革命斗争史上的重大历史事件，是世界军事史上的伟大壮举，是一部气壮山河的英雄史诗。

红军长征是在外有国民党军队疯狂进攻，还有无数道天然屏障的阻隔，甚至还有雪山草地这样的生命禁区的困厄；在内有“左”倾冒险主义的错误领导的内外交困的情况下进行。

红军长征的胜利，是中国革命第二次由失败转向胜利的关键。它使中国共产党和工农红军度过了自第五次反“围剿”失败以来最危险、最艰难的时期。从此以后，中国革命迅速地打开了新局面，掀起了革命的新高潮，一步步地走向了最后的胜利。因此，它是中国革命胜利的前奏，具有极其重要的历史地位。

长征的胜利，保留了红军骨干，锻炼和造就了大批的人才，集中了各路红军的经验和特长，使红军成为一支更加坚强的部队。这支从生命禁区走出来的军队，成为中国革命的星星之火，到如今，早已燎原。

（本文发表于 2016 年 10 月 20 日，选自《三湘都市报》，原标题为“山丹丹开花红艳艳　中央红军到陕北　长征：一部气壮山河的英雄史诗”，有删节）

“金奖”革命歌曲背后的故事

文／叶常青

“井冈山上，哟嗬，嗬嗬咳，太阳红啰嗬，太阳就是毛泽东啰。万水千山都照亮呃，照得人心暖烘烘。哎哎哎，万水千山都照亮呃，照得人心哟，暖烘烘啰。”“红米饭，南瓜汤，挖野菜，也当粮，毛委员和我们在一起，餐餐味道香。”《井冈山上太阳红》和《毛委员和我们在一起》，这两首脍炙人口的经典红歌，四十多年来，唱红了长城内外、大江南北，深受人们的喜爱。2009 年 4 月 20 日，这两首歌参加 2009 年“中国杯”共和国 60 周年优秀词曲、歌手、乐手展示大赛，荣获最高奖——“作词金奖”，歌词作者也因此获得“功勋作家奖”。

当人们陶醉在这两首歌优美的旋律之中，沉浸在对伟人的歌颂和缅怀当中，热血被井冈山精神激荡沸腾的时候，是否知道这两首歌的词作者是谁？这两首歌又是怎样创作出来的呢？

这两首歌的词作者都是湖南炎陵人唐山樵先生。唐山樵先生，出生在炎帝神农氏的安寝之地炎陵县鹿原镇的一个小山村，初中就读于酃县中学（炎陵一中前身），1949 年参加工作。他是《井冈山报》创刊者之一，先后在《井冈山报》和《江西日报》工作。1999 年他退休后，移居广东深圳。工作之余，唐山樵先生最大

唐山樵（图片来源：深圳新闻网）

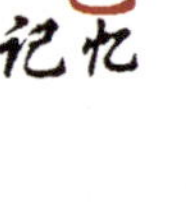

的爱好就是写歌词，题材多以歌颂井冈山革命精神、歌颂毛主席和党的英明领导为主。《井冈山上太阳红》《毛委员和我们在一起》两首歌曲是他的代表作，其传略收入《中国音乐家词典》《中国音乐家名人录》等。2009 年 4 月 20 日，唐山樵先生获得大奖后，心潮澎湃，写下《北京归来话“盛典”，音乐大赛捧金奖》一文，并赋诗一首，向千里之外的母校——炎陵一中报喜，其诗曰：“六十余年忙笔耕，文章满纸一书生。今朝词坛上金榜，难忘母校育我情。”

1965 年春天，江西省吉安地区创作大型歌舞《井冈山颂》，当时在《井冈山报》工作的唐山樵先生，受命与吉安地区群艺馆的朱艾南、永新剧团的旷野，来到井冈山下三湾改编的旧址采风创作。他负责台本文字，朱艾南负责谱曲，旷野负责编舞。在采风过程中，他们遇到了一位红军老妈妈。这位红军老妈妈向他们讲述了当年担任红色宣传员时的斗争生活，并表演了《送郎当红军》。原来，当年为了革命需要，她把丈夫和独生子交给了红军队伍，后来他们都成了共产党员。丈夫在保卫井冈山根据地的战斗中，牺牲在“黄洋界哨口”上，儿子也在长征途中为了营救战友，光荣地献出了年轻的生命。后来，老妈妈从靠近心窝的内衣口袋里，掏出一张红布印制的“红军家属证”，深情地说：“这件东西留在身边已经几十年了，在白色恐怖的年月里，我只要看到它，就感到和党保持着联系，就对革命充满信心；革命胜利后，我只要看到它，就忘不了作为党员母亲、红军家属的光荣责任，只要能为中华人民共和国建设尽一点力，就感到心满意足了！”

听了红军老妈妈的话，唐山樵先生激动不已，泪水在眼眶里打转，他深深地被这位红军老妈妈的无私、伟大、坚强所感动。起伏澎湃的心潮，激起了他创作灵感的浪花，他当时就决定要以这位老妈妈为原型，创作一首女声独唱的歌词。回到住处后，他的心情仍然久久不能平静。于是他一气呵成，不到半天的工夫，就把歌词写好了。经艾南谱曲后，歌曲马上在井冈山上传唱，并成了大型歌舞《井冈山颂》的主题歌。随着《井冈山颂》的不断演出和电波的传送，这首歌像长了翅膀似的，从井冈山唱到了吉安地区，从吉安地区唱到了省城南昌，很快就唱遍了神州大地。

《毛委员和我们在一起》的创作，则源于毛委员带头吃苦菜的故事。当时，由于工作的关系，唐山樵先生经常去井冈山采访，在采访的过程中，他接触到了当地许多红色歌谣，其中最具代表性的就是：“红米饭，南瓜汤，秋茄子，味道香，餐餐吃得精打光。”唐山樵先生对这首歌非常喜欢，但又认为，最后一句“餐餐吃得精打光”，容易使人误会，想把它改掉，结果改了几次，总是不满意。后来，井冈山的老暴动队队长邹文楷，给他讲了一个毛委员带头吃苦菜的故事，他深受启发并产生了创作的灵感。

那是1927年，毛委员初上井冈山时，住在宁冈县（2000年撤销，今属于井冈山市管辖）的象山庵。那里离步云山练兵场不远。每逢晴天，毛委员喜欢带着书本，步行到练兵场对面的山路上，坐在一块大石头上看书。

有一次，练完兵后，开早饭，炊事班抬着几大桶野菜汤放在场地上，轮流给战士盛野菜。忽然，有几位红军战士围着野菜桶在议论着什么，毛委员看见了，就走到开饭的地方去看了看。原来，有战士觉得野菜太苦了，很难下咽。毛委员听了，用勺子舀了半勺野菜汤，尝了尝，笑着说："这味道还不错嘛！我今天还没有吃早饭，再给我添一碗吧。"接着，又把它喝完了。

红军战士看见毛委员吃得津津有味，很受感动，大家都说："这野菜汤是很苦，毛委员能喝，我们也能喝。"不到一会儿工夫，就把几大桶没盐又没油的野菜汤全部喝光了。

听了这个故事后，唐山樵先生深受感动和启发。一个鲜明的主题便在他的脑海里闪现：只要毛委员和我们在一起，生死与共，艰苦创业，再大的困难也可以克服。

于是，他决定重新创作。第一段写"吃"："红米饭，南瓜汤，挖野菜，也当粮，毛委员和我们在一起，餐餐味道香。"第二段写"住"："干稻草，软又黄，金丝被（指干稻草），盖身上，毛委员和我们在一起，浑身暖洋洋。"第三段写"武装斗争"："穿草鞋，背土枪，反'围剿'，斗志旺，毛委员和我们在一起，天天打胜仗。"但是歌词写好后，当时并没有谱曲。1972年，为了纪念毛主席《在延安文艺座谈会上的讲话》发表30周年，江西省准备收集一批革命歌曲选送到北京。当时邀请了一批词曲作者，组成征歌小组，唐山樵先生是小组成员之一。在小组讨论会上，他把《毛委员和我们在一起》的歌词拿出来征求大家的意见，当即获得好评。全国知名作曲家田颂看到歌词后，自告奋勇为它谱曲，只花了一两天时间，就把曲子谱好了。之后，歌曲《毛委员和我们在一起》被送往北京，并很快在全国传唱开来。

唐老回忆说，当年，作品虽然产生了很大影响，但并没有署上个人名字，而是以集体的名义发表，稿酬才十五元钱。直到1979年人民音乐出版社出版《江西民歌五首》的单行本中《毛委员和我们在一起》才正式恢复了个人署名，并得到中国音乐著作权协会的认定。

近几年来，大江南北，春潮涌动；长城内外，红歌飞扬。红色影视、红色之旅、红歌大赛，点燃了人们的红色记忆，激荡起人们的红色情怀，坚定起人们的红色信念。在激情澎湃的红歌大潮中，《井冈山上太阳红》《毛委员和我们在一起》这两首经典歌谣，就像两朵晶莹璀璨的浪花，给人们以穿越时空的记忆、感动和信念。

（本文选自株洲社科网）

揭秘《东方红》背后的故事

文／王宝珍

“东方红，太阳升，中国出了个毛泽东，他为人民谋幸福，他是人民大救星……”这首耳熟能详的伟大颂歌，每当唱起便会让人热血沸腾、激情澎湃。《东方红》是世界上极其著名的一首颂歌，是人类送上太空的第一曲。而《东方红》的作者——人民歌手李有源，却一直鲜为人知。

李有源（图片来源:《三晋都市报》）

1903年，李有源出生在陕西佳县张家庄一个贫苦农民家庭，父亲李兴旺早年病逝，少年的李有源和母亲及两个哥哥的生活非常艰苦。李有源十三岁时，母亲把他送到刘家沟的外婆家度日。在外婆家时，他看见别人家的孩子在书房念书，就在母亲跟前哭着、闹着也要念书，母亲无奈，只好东挪西借，凑了一斗小米、一升绿豆、一斤麻油、一包火柴缴了学费，送李有源到冬书房读书。李有源学习非常刻苦，一个冬天就认识了不少字，熟读了《三字经》《百家姓》《千字文》等书。过了年以后，母亲发现外婆家也日渐拮据，缴不起学费，母亲便把李有源接回了家里。

李有源十六岁时，家里为还债，把羊都卖了，把仅有的五垧薄田也典当了出去，一家人就靠租种城里两户张姓财主的二十五垧地过日子。为了能够一直租种土地，交租时总是把谷子碾了又碾，簸了又簸，财主家很满意，就让他们祖孙三辈一直租种自己的地。

家里不放羊之后，李有源就在家里种地、干农活，冬天农闲时常到城里去淘粪。城里有一所县立小学，李有源每次路过学校，听到琅琅的读书声，都十分羡慕，就放下粪担子趴在窗台上听。学校里有位叫张德华的老师，是佳县勃牛沟人，最喜欢爱读书的孩子，看到李有源每天都来教室外听课，十分感动，就让李有源免费进教室旁听。头几天，母亲见李有源早出晚归，就责备他："人家的孩儿早早就回来了，你躲到城里做甚去了？"当他把旁听的事说出后，母亲不但不再责备，反而十分支持他。为了表达对老师的感激之情，李有源就主动给学校做些烧水、扫院的杂活。每年秋天收获后，家里也给张老师送些土豆、萝卜、南瓜等。这样，李有源又在县立小学读了四个冬天的书，成了村里唯一有文化的人。慢慢地，他能看一些《水浒》《三国演义》之类的小说了，并把书中的故事讲给村里人听。李有源不仅自己读书认字，而且还尽力帮助别人学习，1943 年和 1944 年，他还在本村教了两年冬书。

家贫并未妨碍李有源对美好生活的向往和对文艺的热爱。他是个出色的文艺爱好者，爱画画、拉板胡、弹三弦，尤其爱好秧歌，是编秧歌的能手。没钱买板胡，他就自己动手做；没有材料，他就把庙里的残香头研成粉末，合上皮胶，代替槟榔做壳。张家庄和邻村闹秧歌，李有源经常把生产、生活中看到的事编成秧歌词，交给秧歌队演唱。他编的秧歌既新鲜又顺口，深受群众欢迎。

1929 年，陕北大旱，颗粒无收。为了渡灾糊口，李有源赶着一头毛驴从佳县通秦寨驮盐去山西临县贩卖。一次因为盐警刁难，他辩驳了几句，就惹出祸来。盐

李有源故居（图片来源：《三晋都市报》）

警把税票撕碎，反诬他贩私盐，把一驮盐没收了，毛驴也被拉走了。他恨军阀的盐警，恨国民党反动政府，期盼早日解放。为了生活，他又给山西临县一家姓赵的地主揽工。整天累死累活，地主还嫌干活慢。为了排解心中的苦闷，他常和别的长工唱《揽工调》:“揽工人儿难，揽工人儿难。正月里上工腊月里满。受的是牛马苦，吃的是猪狗饭。”这首控诉剥削阶级残酷的陕北民歌，反映的正是李有源的境况，对他以后的民歌创作有很大的启发。

1934 年 10 月，佳县县委在坑镇背沟村召开苏维埃政府成立大会，并在佳芦地区建立了小块革命根据地。在党和政府领导下，全县一百多个村庄开展了轰轰烈烈的土地革命，斗恶霸、地主，没收了地主的土地、财产，分给穷苦农民。劳苦大众扬眉吐气，欢欣鼓舞。这一切使李有源深刻地体会到，共产党领导的政府才是真正让人民当家作主、为人民办事的好政府。

1935 年 10 月毛主席和党中央长征到达陕北，李有源高兴地逢人就讲:“毛主席到了陕北，咱们有指望了。”为此他在 1937 年编了一首民歌:“三山低，五岳高，毛主席治国有功劳，边区办得呱呱叫，老百姓们颂唐尧。”

1942 年冬天的一个早晨，李有源挑着一担柴火进城售卖，走在通往陕西佳县县城的石头路上。此时黄河东岸的山西吕梁山上一轮红日冉冉升起，骤然间，光芒万丈，照亮了佳县古城，照亮了黄土高原，照亮了祖国大地，也照得他浑身暖洋洋的。“东方红”的壮丽景色，就展现在眼前，他想着毛主席不正是驱散黑暗，给人民带来光明、带来温暖的红太阳吗？把毛主席比作太阳是最好不过了。于是两句秧歌词脱口而出:“东方红，太阳升，中国出了个毛泽东。”

清晨，一轮红日冉冉升起，照亮了黄河两岸（图片来源:《三晋都市报》）

李有源想着：佳县解放，穷人翻身，有吃有穿，全凭了毛主席，要不是毛主席的好领导，哪有我李有源的今天？哪有广大贫苦人民的今天？他怀着对伟大领袖毛主席无比热爱、无比感激的心情从心底涌出一句词:“他为人民谋生存。”（1945 年 11 月，刘炽、公木、王大化、高阳、田方、严文井等人，新续三段新词，将“谋生存”改为“谋幸福”)。他边走边想着第四句词，路过县委门口时，忽见墙上贴着一条醒目的大幅标语：“毛主席是中国人民的救星”，这正好把李有源的心里话说了出来。于是结尾句子有了：“他是人民大救星。”

这天李有源认真地把编好的四句秧歌词写在麻纸上。他想：秧歌曲一般只在春节闹秧歌时才唱，如果配上民歌曲调，就随时随地都能唱了。于是李有源就为这段词配上了当地流行的陕北革命情歌《骑白马》的曲调，又按照陕北民歌常用歌词中的一句或几个字作歌名的习惯，为这首歌起名《东方红》。

李有源编成《东方红》的时候，正是缴公粮的季节，为了宣传缴公粮的意义，他又创作了《缴公粮歌》，用的是陕北革命情歌《大红果子剥皮皮》的曲调。其歌词是：叫老乡，仔细听，咱们都是些边区人。要想保卫咱家乡，必须先要出公粮。为什么，要出粮，老乡们大家想一想：几年来的打日本，全靠了咱们八路军。

1943 年春节闹秧歌，伞头（晋西北、陕北一带秧歌队首领）李有源侄子李增正首先演唱了《东方红》，一夜间，《东方红》唱遍了佳县县城。这年冬天，佳县群众响应边区号召向边区移民，李有源把《东方红》教给移民队队员唱，《东方红》就从佳县唱到了延安。经过延安的文艺工作者陈柏林同志采访后，在 1944 年 2 月 29 日和 3 月 11 日的《解放日报》上进行了报道，《东方红》红遍了陕甘宁边区；1949 年 10 月 1 日，毛主席在《东方红》旋律中登上了天安门城楼，升起了五星红旗，《东方红》红遍了全中国，响彻了全世界。1950 年，李有源参加绥德分区文代会，获得“人民歌手”奖旗。1950 年 4 月，李有源积劳成疾，因病去世。

“华夏文明众歌星，难比有源情最深。一曲颂歌宇宙韵，万民乐唱东方红。”李有源，一个朴实的农民歌手，他的一生是歌颂共产党、歌颂毛主席、歌颂社会主义、歌颂人民的一生！

（本文发表于 2017 年 1 月 16 日，选自《三晋都市报》，原标题为“揭秘《东方红》背后的故事……”，有删节）

三首红色歌曲的诞生经过

文／马　野

庆阳市位于甘肃省东部、陕甘宁三省区交界处，刘志丹、谢子长、习仲勋等老一辈无产阶级革命家在这里创建了陕甘边革命根据地，后来又成为陕甘宁边区的重要组成部分。在这里发生过波澜壮阔的革命斗争，也产生了灿烂的红色文化。从陕甘宁边区唱到全国、至今仍然传唱不衰的《咱们的领袖毛泽东》《绣金匾》《军民大生产》三首革命歌曲，就诞生在庆阳，其中，《绣金匾》《军民大生产》一起编入了大型舞蹈史诗《东方红》，《咱们的领袖毛泽东》《绣金匾》原词的作者还是庆阳大字不识的农民。这三首歌曲诞生的过程中，每一首都有一个动人的故事。

《咱们的领袖毛泽东》

作为陕甘宁边区的一部分，庆阳的许多地方与著名的南泥湾一样，从 1941 年开始，也开展了轰轰烈烈的大生产运动。1943 年，陕甘宁边区政府在延安召开劳动英雄表彰大会。12 月 19 日，毛泽东接见了十七位劳动英雄，一位老英雄走近毛泽东，紧紧搂住毛泽东的肩膀，胡须因兴奋而颤动。他说："大翻身哪！有了吃，有了穿，账也还了，地也赎了，牛也有了，这都是你给的。没有你，我们这些穷汉子爬在地下，一辈子也站不起来！"接着脱口唱出了《咱们的领袖毛泽东》。这位劳动英雄就是来自陇东曲子县（今庆阳市环县）一个大字不识的

七七〇团战士们开垦荒地的情形（图片来源：每日甘肃网）

农民孙万福。

孙万福于1883年出生于一个贫苦农民家庭。他一直务农，虽然不识字，但聪慧过人，擅长吟诗编歌，有出口成章的本领。1936年，中国工农红军西征时解放了他的家乡。这个翻身以后的农民的家庭生活发生了巨大的变化，而这也激发了他的劳动热情和创作热情。1943年，年近花甲的孙万福，当选为劳动英雄，光荣地出席了陕甘宁边区劳动英雄表彰大会，见到了毛泽东、朱德、刘少奇等中央领导同志。心情无比激动的孙万福唱出了这首《咱们的领袖毛泽东》，也唱出了庆阳老区人民对革命和革命领袖的炽热感情。

这首歌也引起了人们极大的重视。贺敬之对歌词进行了精心修改和艺术润色，周扬在《解放日报》撰文，给予了高度评价。后来，孙万福还创作、发表了许多的诗歌，周扬称赞他"算是一个优秀的诗人"。可惜的是，1944年7月13日，孙万福在为变工队买油返回的途中，遭遇暴雨，涉水过河时被凶猛的洪水夺去了生命，时年六十一岁。

《绣金匾》

与孙万福一样，《绣金匾》的原作者也是一个不识字的木匠。他叫汪庭有，庆阳市正宁县人。

汪庭有祖籍陕西商南县，两岁时因家乡受灾，举家逃荒。1936年，他流落到正宁县，在这里落户，学做木活。他虽然没有念过一天书，但长期受民间文化的熏陶，喜欢民歌和秧歌，当地流行的《绣荷包》等民歌他都会唱。1943年，八路军来到正宁，一种崭新的气象让他萌生了编一首歌颂毛主席、八路军的歌的想法。他采用陇东《绣荷包》的传统曲调，开始填写新词进行创作。由于不识字，他边编边唱，编一段，唱一段，记熟了，再编唱第二段。但他常常还是编好下一段忘了上一段，后来他每编好一段，马上教村里的孩子唱会，再编下一段。就这样翻来覆去，日日夜夜，经过一年多的时间，他编好了长达十段的歌词。

汪庭有新编的《绣荷包》很快在解放区流传开来，诗人艾青听到以后非常赞赏。但他提出《绣荷包》多表达的是男女爱情，给人民领袖、政府、部队应当绣大金匾。这样，《绣荷包》就改成了《绣金匾》。1944年，汪庭有光荣地出席了陕甘宁边区文教英雄大会，荣获"甲等艺术英雄"称号。

1976年，郭兰英对《绣金匾》又进行了再改编，赋予了新的内容。

《军民大生产》

《军民大生产》来源于庆阳的“打夯号子”。

打夯号子是打夯时为了集中注意力、鼓舞干劲、统一动作所喊的劳动号子。形式为一唱众和，打夯的把式起头，看见什么唱什么，天上地下，随性所至，脱口而出；抬夯的人，随着把式吆喝应和即可。庆阳的打夯号子雄壮有力、热情奔放。

1942年，抗大第七分校及七七〇团的战士们进驻庆阳市华池县东华池镇。他们听到当地优美铿锵的打夯号子后，便与当地群众一道，以轰轰烈烈的大生产运动为背景，编出了打夯歌《十唱边区》。后来，歌曲《松花江上》的作者、陕甘宁边区文化协会秘书长、音乐家张寒晖来到了庆阳，那一唱众和的“呀么嗬嗨”“西哩哩哩嚓啦啦啦嗦啰啰啰呔”，强烈地震撼了他的心灵，也使他产生了创作的冲动。他对原歌词进行了反复改编、提炼，定名为“军民大生产”。

如今，在张寒晖的家乡河北省定州市以他的名字命名的文化广场上，他的雕像的基座上，刻着两首歌，一首是《松花江上》，一首就是《军民大生产》。

（本文发表于2009年7月16日，选自《人民政协报》）

抗战歌曲《牺牲已到最后关头》背后的故事

文／张　欣

在抵御外敌入侵的抗日战场上，中国军队一直保持着高昂乐观的战斗精神，奋勇拼杀的战士们在战斗的间隙高唱着这样一首歌：“同胞们，向前走，别退后！同胞被屠杀，土地被强占，我们再也不能忍受……”这首激昂的歌曲曾鼓舞无数中华儿女在各个战场上奋勇拼杀，那么这首歌的背后又有着怎样的故事呢？

这首歌诞生于1936年，这是中日民族矛盾空前上升，全面抗战一触即发的年份。它那铿锵有力的旋律召唤着无数中华儿女为了民族解放和独立走上了血雨腥风的战场。

1931年，九一八事变后，中华民族到了生死存亡的关头。当时，孟波、聂耳、冼星海和麦新等一些进步音乐家会聚上海，决心创作抗战歌曲，吹响战斗号角，以唤醒广大民众。孟波说，当时的爱国人士有一个共同的信念：要把抗日救亡歌曲传送到军队、街头、工厂、学校、商店的每一个角落，使它成为抗战年代的最强音。

麦新（图片来源：《河南日报》）

1936年9月，孟波和麦新等人在冼

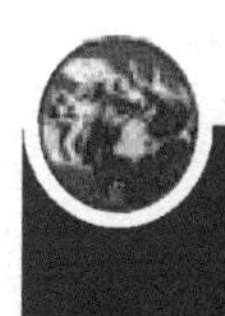

星海家碰头，当时东北已沦亡五年，华北也将不保。在滚滚的黄浦江边，二十岁的孟波和二十一岁的麦新相对而视，他们想到在日寇的铁蹄下，国土在沦丧，东北三千万同胞沦为亡国奴，人民遭涂炭，麦新情不自禁用坚定的语调喊出一句："牺牲已到最后关头！"孟波热血沸腾、眼睛一亮说："对，我们要发出抗日救国的怒吼！"望着滚滚的黄浦江水，两个热血青年心潮起伏，澎湃的歌词脱口而出——"亡国的条件我们决不能接受，中国的领土一寸也不能失守。牺牲已到最后关头……"

孟波和麦新一气呵成作词、谱曲，又与冼星海等切磋定稿。一曲《牺牲已到最后关头》就此迅速传遍大江南北。当时的广播电台专门播出，《大众歌声》刊载歌曲广为传发。这首"时代的号角"，在短短几个月中，歌集出了四版。随着全面抗战的深入，歌曲的影响力扩大到全国各地，甚至波及军营。当年许多热血青年，正是唱着这首歌，加入了抗日战争的队伍，许多革命战士，正是唱着这首歌，杀敌立功。百团大战、台儿庄战役，壮烈的歌声，在战壕、驻地、村落、流亡的学生中，千百次地响起……

在枪林弹雨的台儿庄战场上，所有中华儿女团结起来，虽然他们信仰不同，虽然他们远离家乡，但是他们秉承着一个信念：为了国家，为了父母，为了妻儿，为了把日本人赶出中国，面对侵略者的炮火，他们义无反顾、前仆后继、悲壮惨烈，气吞山河。他们共同唱着："同胞们，向前走，别退后……"

岁月在流逝，时代在前进。经历了几十年风云变幻，《牺牲已到最后关头》传唱至今。孟波由衷地感慨："是那个时代，造就了无数始于民族大悲哀和大激奋，拍案而起的爱国志士谱写了一批激昂犀利的抗战救亡歌曲，最根本的就是五个字——不当亡国奴！"

今天，这首歌仍被人们所传唱，在未来，它仍将激励所有中国人为实现中华民族伟大复兴的中国梦而不懈前行！

（本文选自中红网）

硝烟中的《歌唱祖国》

文／郑鲁南

王莘（1918—2007），江苏无锡荡口镇人。1936年参加革命，1943年加入中国共产党。原天津歌舞剧院院长，中国音乐家协会“金钟奖”终身成就奖获得者。

胡可（1921— ），满族，山东青州人。1937年参加革命，1939年5月加入中国共产党。原解放军艺术学院院长，剧作家。

“五星红旗迎风飘扬，胜利歌声多么响亮……”

这首脍炙人口的歌曲《歌唱祖国》在1950年甫一问世，就受到了全国人民的喜爱与好评，六十多年来，它响彻中华大地，经久不衰、历久弥新。如今，人们大都知道它的作者是王莘，但不知道的是，王莘当年赴朝教战士们唱这首歌时，许多战士对这首歌并不熟悉……

1952年4月，音乐家王莘随巴金率领的祖国赴朝鲜访问团来到志愿军第十九兵团六十五军。当时，六十五军已经入朝作战一年多，很多战士还不大熟悉《歌唱祖国》这首歌曲，但是战士们一听说王莘是祖国来的亲人，就兴奋地围着王莘问这问那。王莘总是愉快地把自己在天安门广场的所见所闻告诉大家，把家乡翻天覆地的变化讲给战士们听。在王莘看来，祖国的消息，祖国的来信，祖国人民寄来的明信片、慰问品，对在异国他乡浴血奋战的志愿军战士来说都是特别亲切的。所以一有空闲，王莘就给战士们讲自己在延安时期吃小米、挖窑洞的故事，教战士们唱歌，每天都充满了无限的热情。

原解放军艺术学院院长、现年九十一岁的胡可谈起王莘依然记忆犹新。1952年4月，胡可到六十五军深入生活，和王莘朝夕相处在朝鲜战场。那时，胡可和王莘都是刚到朝鲜不久，可是在胡可的印象中，王莘一到连队，很快就同干部、战士打成一片，就像一个退伍回家的老兵又重新回到了部队。战斗间隙，王莘总是找战士拉家常。他热情健谈，战士们都很喜欢他。他组织战士们做游戏，经常拿着小树枝教战士们唱歌。有一次，胡可和王莘到部队走访，正好碰上访问团向志愿军指战员赠送的抗美援朝纪念章发到部队。当闪闪发光的纪念章发到战士们手中的时候，坑道内外都沸腾了起来。在异国他乡浴血奋战的战士，在面对祖国亲人褒奖时的那种激动的心情，强烈地感染了访问团的每一个成员。王莘也被这种情绪所感染，他立刻写出了歌曲《纪念章》并在部队教唱。

坑道里响起了战士们的歌声。有了歌声，枯燥艰苦的生活就有了生气；有了歌声，战士们杀敌就有了力量。

这张拍摄于1952年朝鲜战场的照片，展示的就是作曲家、《歌唱祖国》的创作者王莘（手拿纸稿者）在十九兵团教战士宣传队演奏《歌唱祖国》的情景（图片来源：《解放军报》）

2010年，我找到了这张照片的拍摄者——原六十五军随军摄影记者、解放军报社摄影记者李书良（已离休），他告诉我，《歌唱祖国》这首歌，他是在抗美援朝的战场上学会的。每当看见王莘教战士们唱《歌唱祖国》，他就跟着学，歌声好像有一种力量，发自肺腑，唱出了祖国的新生。在抗美援朝战场上，《歌唱祖国》就像战士擦亮的钢枪，就像是战士冲锋的军号，鼓舞和激励着战士们的高昂斗志和战斗激情。

1952年9月，王莘去马良山阵地采访“英雄七连”，六十三军政治部派军文工团创作员文大家陪同前往。文大家和王莘一起住在一间用圆木搭成的防空洞里。据大家回忆：他和王莘常找七连的一等功臣、英雄连长张浩谈心。那时，王莘年纪不过三十岁出头，可是对于大家来说却是长自己十来岁的首长。在他的印象里，王莘热情开朗、平易近人，晚上休息前常给大家讲故事——讲他参加革命的经历，讲他美好的家庭，讲歌曲《歌唱祖国》的创作过程……

那是1950年第一个国庆节前夕，王莘从天津到北京购买乐器。返回天津前，他特意来到天安门广场。王莘站在广场上，看着人们悠闲地放着风筝，孩子们欢快地追逐；金色的晚霞中，一面鲜红的国旗在歌声中迎风飘扬，他突然有了一种扬眉吐气的自豪感："五星红旗迎风飘扬，胜利歌声多么响亮，歌唱我们亲爱的祖国，从今走向繁荣富强。"四句歌词不禁脱口而出。他登上返回天津的火车后，思绪如飞，边唱、边写、边打拍子，歌词与曲谱几乎同时喷涌而出："越过高山，越过平原，跨过奔腾的黄河长江……"一首《歌唱祖国》就这样在天津，在北京，在大江南北传唱开来。

王莘爱祖国、爱人民、爱志愿军战士，他也把这种爱深深地融入他的创作之中。

胡可和他人在朝鲜战场上合作创作了小歌剧《地雷大搬家》、独幕剧《为祖国争光》，剧中的歌曲《请战歌》《挖坑道之歌》《为祖国争光》等都是由王莘谱曲。

志愿军战士英勇杀敌、保家卫国的精神强烈地感染了王莘之后，王莘又创作了《歌唱特等功臣黄丑和》《中朝人民友谊歌》《防空哨之歌》（胡可／词、王莘／曲）等优秀歌曲。王莘和谷岩（原解放军报社副社长，著名作家）合作，创作的多段体联唱《英雄的阵地马良山》，成为志愿军部队歌颂抗美援朝战斗伟绩的代表之作。

那个年代，那些歌曲，仿佛穿越时空，又在我们耳边响起。

悦耳动听的《歌唱祖国》，雄壮豪迈的《歌唱祖国》，时隔六十余年的今天，我们唱起"宽广美丽的土地，是我们亲爱的家乡。英雄的人民站起来了！……"依然激情澎湃。

（本文选自《解放军报》）

《二月里来》：军民齐心抗战赞歌

文／王卓伦

“二月里来好春光，家家户户种田忙。指望着收成好，多捐些五谷充军粮。”七十多年前，一曲充满田野风味和江南气息的《二月里来》为冬意尚浓的陕北二月带来了春耕的动力与收获的希望，有力配合着抗日战争期间陕甘宁边区的生产运动。

塞克在延安（图片来源：《黑龙江日报》）

1938 年，同在鲁迅艺术学院任教的诗人塞克和音乐家冼星海先后来到延安，试图合作创作歌曲。塞克认为，进行曲式的抗战歌曲已经有很多，再写“杀呀”“冲啊”的风格有点陈旧，于是与冼星海琢磨着找一个新题材，在艺术上做出新的尝试。

1939 年 2 月 2 日，中共中央在延安召开生产动员大会，发出了“自己动手，自力更生，艰苦奋斗，克服困难”的号召，要求部队、机关、学校发展生产。陕甘宁边区轰轰烈烈的生产运动赐予了塞克新的灵感，他很快写下一组以生产与抗战为主题的诗，旋即被冼星海谱成《生产大合唱》。

《二月里来》是《生产大合唱》其中的一首，用简单明快的歌词和清新的曲调，表现出边区人民为支援前线而努力生产的勤劳场面。在《生产大合唱》已经很少整体上演的今天，《二月里来》仍然常被作为独唱曲目，广为流传。

回忆起《二月里来》，冼星海在创作札记中这样写道：“它描绘了风和日丽的播种场面和恬静安逸的田园风光。”虽然创作时间很短，但《生产大合唱》蕴含了冼星海的重要艺术追求，完成了“大众化、民族化、艺术化”的理想统一。《二月里来》在当时流传较广，冼星海认为它代表了新音乐运动的一种方向。

“歌词淳朴、结构简洁、旋律上口、音域不宽，是这首歌广受好评的原因。”解放军艺术学院音乐系副教授娄文利说，《二月里来》婉约的曲风在起承转合中表现出了细腻真挚的感情，口号式的歌词朗朗上口，这就让它在民间深受欢迎。

“加紧生产，努力苦干，年老的年少的在后方，多出点劳力也是抗战。”质朴顺口、直白简洁的歌词颇具感染力，陕北农民参加生产运动、积极为军队充粮的热闹场景仿佛映入眼前。“这样的歌词，农民的接受性很强，让他们唱起来干劲十足。”娄文利说。

“军民团结一致、民众在后方有力配合军队，是我参加抗战的岁月中最难忘的记忆。”如今已经九十岁高龄的老八路赵纪勋感慨地说。

娄文利认为，与许多雄浑壮美的抗战歌曲一样，充满柔美气息的《二月里来》成为硝烟战火年代军民齐心抗战的精神力量，也是民族和历史的见证。和平年代，《二月里来》恬静的旋律每每响起，人们仿佛仍然可以闻到解放区新鲜的空气和泥土的芳香，成为鼓舞全体中华儿女团结奋进、不屈抗争的嘹亮赞歌。

（本文发表于 2015 年 8 月 24 日，选自新华网）

忆《沙家浜》诞生过程

文／蒋　芳

《沙家浜》演出剧照（图片来源：新华网）

七十多年前，三十六名新四军伤病员在江苏阳澄湖一带，演绎了一段与敌人斗智斗勇的传奇。若干年后，这段传奇被人写成歌曲、写成通讯、写成剧本，进而搬上舞台，现代京剧《沙家浜》也因此诞生。

“垒起七星灶，铜壶煮三江。摆开八仙桌，招待十六方。来的都是客，全凭嘴一张。相逢开口笑，过后不思量。人一走，茶就凉，有什么周详不周详……”七十多年后，朝霞照在芦苇荡上，沙家浜风景区内的戏台上，唱词依旧悠扬婉转。

一首战歌　芦苇荡里的“火种”

“阳澄湖畔，虞山之麓，三九年的寒冬，三十六个伤兵病员，高举共产党的旗帜，在暗影笼罩的鱼米之乡，流着血啊流着汗……你的威名震撼了江南，你的钢刀刺破了敌人的心房……”六十三岁的沙家浜新四军历史研究会秘书长徐耀良张口就来的这段歌曲名叫《你是游击兵团》。

“要说《沙家浜》，一切还得从这首歌说起啊。”徐耀良说。

1939年，叶飞率领的以新四军第六团为主的江南抗日义勇军离开苏常地区后，留下了三十六位伤病员。“留下我们，并不单单是因为身体条件不行，跟不上主力部队频繁的流动。留下我们，重要的是党需要留下一把火种在东路！”伤病员之一的刘飞同志在自己的回忆录《火种》中这样写道。

据他回忆，每到一个村庄，伤病员就被分散安排在群众家中，农家的小屋、湖中的小船都成了伤病员的藏身之处。门板一架就是病床，蚊帐一挂就是手术间。碰上敌人“扫荡”，大家就把伤病员抬上船，转移到芦苇荡中。敌人走了，再接回村子。陆续地，伤病员们恢复了健康，重新建立起了武装队伍。

1943年10月，时任新四军第六师十八旅五十二团宣传股长的过鉴清，和从华中的鲁迅艺术学院音乐系分配来团工作的黄苇，偶然之间聊起了这段历史。两人决定合写一首歌曲。不久，由过鉴清作词、黄苇作曲的《你是游击兵团》就诞生了。时任五十二团政治处主任的彭冲还对歌词作了认真修改。

很快，这首歌就在军队里传唱开来。“唱多了之后引起了战地记者的注意，这才有了后话。”徐耀良说。

1948年11月13日，战地记者崔左夫在采访淮海战役时听到了这首歌曲。笔者在他之后发表的创作谈中看到：“一天，我们沿运河走去，正遇上刚打扫战场回来的一支部队……”刘飞同志说：“这个部队的前身是新四军十八旅五十二团，最早一批战斗骨干是江南抗日义勇军在东路作战留下来的三十六个伤病员，他们的经历很有意思，将来你们当中最好有人写一写……”

崔左夫把这件事放在了心上。1957年夏天，他到苏州、无锡、常熟、太仓等地走访了两个多月，最终完成了纪实文学《血染着的姓名——三十六个伤病员斗争纪实》。

搬上舞台　阿庆嫂原是“男老板”

从战歌到纪实文学，现实中既没有阿庆嫂、郭建光，也没有胡传魁、刁德一，这些人物从何而来？如今家喻户晓的经典形象“阿庆嫂”为何在创作之初是个“男老板”？

资料记载，1959年，上海市人民沪剧团团长陈荣兰和编剧文牧着手创作一个反映江南新四军艰苦奋斗的现代沪剧时，偶然看到了崔佐夫的《血染着的姓名——

《沙家浜》剧照（图片来源：新华网）

三十六个伤病员斗争纪实》，大受启发，就此创作了现代沪剧《碧水红旗》。1960年正式公演时改名为《芦荡火种》。

1963年，已经蜚声沪上的《芦荡火种》赴京公演，被北京京剧团一眼看中，改编为京剧。最终由毛主席拍板定名为《沙家浜》，成为后来八部革命样板戏之一。

“虽然是根据现实创作的，但剧中的人物都是虚构的。阿庆嫂的原型大概有八个，郭建光也有三个。”徐耀良告诉笔者。

为了找到阿庆嫂，常熟市沙家浜镇文化站曾遍寻历史资料，接连寻访出陈二妹、朱凡、干梓宝、戴阿大、范惠琴、徐巧珍、陆二嫂等众多阿庆嫂原型。“还有人说，阿庆嫂也可能是个男的，比如东来茶馆老板胡广兴，他当年就是新四军的秘密交通员。”文化站站长浦晓峰说。

编剧文牧已于1995年去世，但他留下的《〈芦荡火种〉创作札记》证实了这种猜测，阿庆嫂这个经典形象在创作初期的确曾是个“男老板”：“陈荣兰认为戏里男角色太多，建议把茶馆老板改为老板娘，可以让丁是娥来演这个角色。我同意了。谁知把老板改成老板娘，牵一发而动全身，真不简单……老板娘的名字本来取名‘阿兴嫂’，后来觉得‘嫂’这个音是朝下缩的，当中一个字就必须着重、有力。‘兴’字显得平，改成‘庆’字便显得重甸、有力，叫起来也响。”

那么剧中掩护游击队的交通站，也是最为著名的场景之一——春来茶馆，现实中又是否存在呢？

“前些年还真的发现过一个那个年代的茶壶，上面刻的字就是春来茶馆。但地方在哪一直没找到。”徐耀良告诉笔者，不过后来，又在沙家浜镇曹家浜发现曾经有一家“东来茶馆”和一家“春海茶馆”，也都是当年新四军的联络站。

艺术源于真实才有生命

青葱茂密的芦苇荡，随意穿梭在荡中的小渔船，点亮春来茶馆的那些晃晃悠悠的灯笼，“滴水不漏”的阿庆嫂手中高高提起的“煮三江”铜壶……如今的沙家浜，仍保留着这一幅幅美丽的画面，这也成就了经典的沙家浜韵味。

而作为舞台上的经典,《沙家浜》的情节、人物都是虚构的，而且在特定的时代背景下，难免有“高大全”的嫌疑。但无论如何，这部戏剧所依据的那段历史——坚持在芦苇荡与日、伪顽强斗争的新四军英雄们和江南的人民，是永远值得怀念的。

“艺术源于现实又高于现实，这么多年研究《沙家浜》，我越来越感觉到寻访原型人物其实意义有限，应该更多地从真正的英雄人物本身的事迹去了解、认识他们。毕竟他们才是不该被遗忘的人。”徐耀良说。

如今，剧中阿庆嫂最后一位原型范惠琴已于2003年去世了。作为剧中主角郭建光的原型之一，也是三十六位伤病员之一的夏光，如今正在江苏省省级机关医院疗养。医生告诉笔者，老人今年已经一百零二岁了，虽然身体还比较健康，但大脑已经萎缩，对一些人和事都记不清楚了，根本无法进行语言交流。

夏光的女儿夏春秋回忆，常听父亲唱起“待到那云开日出，家家都把那红旗挂”的旋律，也曾听父亲讲过沙家浜的故事。他说，沙家浜的水芦苇没人割的时候能长到两米多高，是掩护伤病员的天然屏障，坐在船里，就像进了迷宫一样。前头的一叶小舟本来还在视线中，一转弯就没入芦苇丛中了……

“父亲曾经嘱咐过，等他百年之后，把他的骨灰安葬在沙家浜，让他陪伴逝去的战友，一起沐浴阳澄湖上的缕缕朝霞。”夏春秋说。

（本文发表于2011年6月2日，选自新华网，原标题为“从一首歌到红遍全国一出戏忆〈沙家浜〉台前幕后”，有删节）

《红梅赞》傲雪之梅感天动地

文／关媛媛　朱　莹

“风雨送春归，飞雪迎春到。已是悬崖百丈冰，犹有花枝俏”——这是生于20世纪50年代的巴山仪器厂退休职工唐小玲和姐妹们都能倒背如流的诗词。说着说着，她动情地唱了起来：红岩上红梅开，千里冰霜脚下踩……

它就是在20世纪50年代，唱红了大江南北的歌剧《江姐》中的主题曲《红梅赞》。

江姐，本名江竹筠，长篇小说《红岩》里一个感动天地的巾帼英雄。她仿佛一枝傲雪盛开的梅花，用她不屈的红岩魂，影响着一代又一代的人。

重庆歌乐山的郁郁青松下，就是江姐长眠之地，这里的上空至今还萦绕着那段峥嵘岁月的英雄气息。

1948年6月，江姐被叛徒冉益智出卖，在万县被捕后，被关押在重庆渣滓洞。在狱中，为了套取有关共产党和游击队的信息，敌人对江姐施用了各种酷刑，但在被竹签插进十根手指的情况下，江姐仍然守口如瓶，敌人得不到任何口供。

渣滓洞监狱里，江姐当年所在的监狱窗口（图片来源：《重庆晨报》）

两个月后，得知丈夫已经遇难的江姐，拖着受刑后还没有完全康复的手，在狱友们的帮助下，将吃饭时偷偷藏起的筷子磨成竹签，蘸着由烂棉絮灰与水调和在一起制成的墨水，在如厕用的毛边纸上，艰难地写下了托付自己儿子的最后书信……

1949年，解放军胜利的消息不断传来。被关押在渣滓洞的江姐和姐妹们，对革命胜利抱定了信心，但同时她们也隐约感到敌人会在失败前进行疯狂的大屠杀，绣红旗、告别战友……她们做好了就义的准备。

1949年11月，那个梅花盛开的冬季，江姐被国民党杀害在歌乐山“中美合作所集中营”。

这就是那朵永不会凋谢的梅花。冰雪中，她昂首怒放，香飘云天外。她唤醒百花齐放，高歌欢庆新春的到来！

歌词这么美，立意这么新，动情的旋律仿佛自己张开了翅膀，《红梅赞》从弹拨节奏中迸发出的阳刚之气，就是江姐英雄气质的真实写照。

1964年9月4日，以《红梅赞》为主题曲的歌剧《江姐》在北京公演，从此在全国掀起了一阵“红梅热”。

“现在，江姐的伟大，也许伴随着时代的变迁已经很难感同身受了，但是，被人世世代代传唱的《红梅赞》，却让我们一次次感悟历史，回忆英雄。那份宁死不屈的英勇，已经深深地烙在了我们的心里。”昨日，听闻重庆红岩魂陈列总馆落成，唐小玲迫不及待地来到这里。站在门前，她忍不住喊出声来：让“红岩魂”永驻人间，让红梅赞唱遍大江南北！

（本文发表于2008年7月25日，选自《重庆日报》）

《弹起我心爱的土琵琶》：抗日铁路游击战最强音

文／刘宝森

铁道游击队纪念馆的群雕（图片来源：《经济日报》）

“西边的太阳快要落山了，微山湖上静悄悄。弹起我心爱的土琵琶，唱起那动人的歌谣。”《弹起我心爱的土琵琶》记录了反法西斯战场上，一支特殊的游击力量在铁路线上抗击日本侵略军的英勇事迹。

《弹起我心爱的土琵琶》创作于1956年，是电影《铁道游击队》的主题歌。1938年5月，日军占领山东枣庄，在这个能源重镇驻扎了一个团的兵力，开始对资源进行疯狂掠夺。机动灵活的铁道游击队在日军运输资源的铁路线上开辟了一个特殊战场，成为在日军眼皮底下神出鬼没的“幽灵”。

“爬上飞快的火车，像骑上奔驰的骏马。车站和铁道线上，是我们杀敌的好战场。我们爬飞车那个搞机枪，闯火车那个炸桥梁，就像钢刀插入敌胸膛，打得鬼子魂飞胆丧……”歌词中描述了专吃“两道线”的游击队血染洋行、飞劫机枪、爬火车、炸桥梁的事迹，展现了铁道游击队队员们的革命英雄主义和乐观主义精神。

八十多岁的作曲家吕其明在回忆创作《弹起我心爱的土琵琶》时说，他在抗战时期碰到过很多的游击队员，他们绝大多数不识字，这些游击队员绝对唱不出那些洋腔洋调，而应该有非常浓郁的山东风格。“用民间音乐的风格形式来写进行曲，我做了一次尝试。”他说。

更鲜为人知的是，电影里的这支歌是由一群业余演唱者完成的。吕其明说，他没有找专业的合唱队，虽然领唱是一个专业歌唱家，但他要求不用专业的发声方法，而是要唱得朴素，否则感觉就和游击队不吻合了。

电影及歌曲的广泛传播让铁道游击队的英勇事迹在全国家喻户晓。在陈列近千件文物史料的山东枣庄铁道游击队展览馆的展厅内，笔者看到了歌曲中提及的土琵琶，木制的乐器已经褪色，弦线也已经丢失。展览馆馆长潘福安介绍说，土琵琶又称柳琴，外形及构造与琵琶相似，馆中展示的土琵琶正是一名铁道游击队老队员赠送的。

潘福安说，仅从歌曲内容看，很多人会认为铁道游击队主要战斗在微山湖。事实上，铁道游击队活动范围在临枣线（鲁南临城至枣庄）、津浦铁路鲁南段沿线、薛城、峄城等地，微山湖为铁道游击队后期根据地。

在微山湖畔铁道游击队纪念馆，六十六岁的传唱艺人王广超弹唱《弹起我心爱的土琵琶》已有十六年。他说，唱起这首歌好像又回到战火纷飞的年代，到这里参观的人都非常爱听他的弹唱，所以每年4月到10月他都住在纪念馆里，专门为大家弹唱。

（本文发表于2015年8月26日，选自新华网）